実践

現場の能力管理

生産性が向上する
人材育成マネジメント

森 和夫 著

日科技連

まえがき

　本書は教育の本です．形を変えた現場教育の本といってよいでしょう．教育や人材育成の本は多くありますが，現場に密着した教育の本として，本書は他書にはない特徴をもっています．本書のコンセプトは「個人としての能力開発」と「組織としての能力開発」の調和です．これまでの能力開発の考え方を変えます．「個人の充実発展」から「組織の充実発展」に軸足を移して推進することを探究していきます．類書には「個人の充実発展」を基盤にしたものが多数あります．これまで，筆者もその観点から書いてきました．

　しかし，技術・技能伝承活動を推進する立場から見ると，能力開発にはもう一つの切り口があることに気がつきます．「技術・技能伝承は何のために行うか」を考えるとき，組織の維持・発展を願い，存続することが前提にあります．これは現場教育の問題を超えた経営の問題です．したがって，マネジメントの一環としての能力開発が存在します．人材育成を「人財育成」と読み替えたり，「企業は人なり」というのはマネジメントの問題としての能力開発を想定しているに他なりません．本書では，社員一人ひとりの個の充実と組織の維持・発展を調和させるキーワードとして「能力管理」を取り上げ，このために必要なあらゆるテーマを考えて執筆しました．

　現場では多くの問題が発生します．例えば，品質問題です．安定した品質維持のために私たちはよりよい作業方法を設定し，品質不良に対する原因の追究と対策・立案をします．しかし，これだけでは解決しないことがあります．例えば，作業者に起因する品質問題です．どんなに優れた作業方法でも作業者がそれを十分実施できなければ品質問題は解決しません．10人の作業者がいたとして，10人全員が同じ技能レベルを保有しているでしょうか．品質問題には能力管理の視点が欠かせないのです．同様にしてQCDのすべてについても能力管理の視点が求められます．本書はQCDを実行するに際して重要な第3の考え方となる「能力管理」について解説します．本書によって，現在行っているQCDの取組みをより確かなものにする手がかりを見出すことでしょう．

　能力という言葉について考えてみましょう．「能力開発」「能力評価」「能力

検定」という言葉が受け入れられて，私たちは自然に「能力」という言葉を口にするようになりました．かつて，能力という言葉は良くも悪くも，扱いづらい言葉でした．まして能力管理という言葉は，その本意とは離れて誤解されることが多くありました．「能力を管理する権限が誰にあるんだ？」「能力は個人のもので，他人がとやかく言う筋合いではない」などの声が聞こえてきました．しかし，ようやく能力管理という言葉が使えるようになったと感じます．能力管理は，組織に属する人々が能力開発や人材育成で最大の成果をもたらす環境を整備するための方法です．これによって，人材一人ひとりに自己の能力発揮が可能となるので，充実した生活を送り，充実した未来を切り拓けるようになります．能力管理のねらいは能力開発を効果的に進め，結果として対象者の能力を発揮できるような環境を整えることです．マネジメントですから，与えられた条件下で最大の成果を得るように実施することが要です．

　本書では能力管理を体系的に整理し，具体的な事例を通して読者の皆さんが活用できるように記述しています．本書を活用して，皆さんの現場の課題解決に役立てていただきたいと願っています．

　筆者はこれまでに技術・技能論を始めとして，技能習熟論，技術・技能伝承，能力開発を扱ってきました．そして今回，能力管理をテーマに考え方と実践をまとめる機会を得ました．「技はどのように上達するか」という技能研究から始まり，一人の技能者が組織のなかで育っていく場面までを描くことができたことは私自身にとっても意味のあることです．

　能力管理を体系的に実施する構想は，2012年〜2013年に実践する機会を得ました．鉄道施設設備メンテナンス企業と技術・技能教育研究所とで行った共同研究です．第6章の事例編ではその全貌を紹介しています．この他にトヨタ自動車㈱，スマートインプリメント㈱，三菱重工業㈱（名古屋航空宇宙システム製作所および総合研究所），㈱明治，（公財）堺市産業振興センターの方々に多くの示唆と実践の場を提供いただきました．ここに記して，感謝いたします．

　能力管理の考え方はこれからの技術・技能教育を支える考え方として今後も発展し続けると確信します．

　2020年7月

技術・技能教育研究所　森　和夫

本書の概要と使い方

1. 本書の構成

　本書は，「①能力管理の考え方」「②能力管理の方法」「③能力管理の実際」という順序でシンプルにまとめている(図1).「②能力管理の方法」は2つのパートから成り，それぞれ独立しているので，**第3章**と**第4章**はどちらから読み始めても理解できる．また，いずれかを選択して採用し，余裕のあるときにもう一つを採用することも可能である．もちろん両者を同時に実施できるのがベストである．

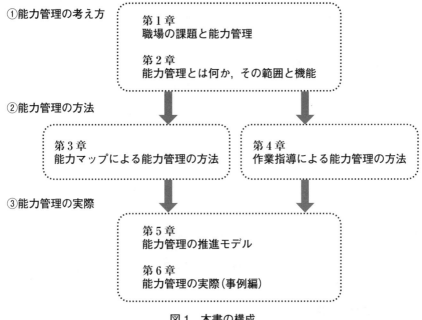

図1　本書の構成

2. 能力管理の考え方

　第1章および第2章では「個人としての能力開発ではなく，組織としての能力開発の考え方がなぜ大事か」について述べる．つまり，能力管理が能力開発・人材育成と密接な関係をもち，これらを駆使することで相互に成果を拡充

できること，そして組織における能力開発は能力管理を中核として展開し，その機能・役割を果たすことで多くの利益をもたらすという考え方が示されている．また，「能力管理とは何か」「どのような領域とかかわりをもっているか」「能力管理によって何が変わるか」なども解説している．

3．能力管理の方法

　第3章では，能力管理の基礎をなすものは組織に所属する人材の能力状況を把握することにあると考え，その方法を具体的に述べている．最も重要なことは現場で必要とされる能力リストを書き上げることで，その方法としてクドバス手法を用いて短時間で能力項目を書き上げる作業を紹介した．この能力リストは現場の能力状況を明確化する尺度となる．これによって社員の保有能力水準を明らかにでき，これを能力マップで整理すれば現場人材の弱み・強みも明らかになる．弱みを強みに変え，強みを生かせば生産性を向上できる．能力マップはこの他にも，人材の多能工化，高度化，技術・技能伝承などに活用できる．このように計画的な人材育成ができるようになれば，効率の良い能力開発を実施できる．

　具体的な能力開発の進め方として作業指導をテーマに解説する．「仕事のやり方」を能率良く，確実に指導できれば生産性向上の見通しが立つ．第3章および第4章では技術・技能指導を中心に述べる．技術的知識や態度については類書に委ね，困難の多い技術・技能指導を丁寧に解説している．ここでは教育用手順書，技能分析表，技能マニュアルの作成法を解説し，技能教育道場の開設の仕方までを紹介する．このような能力開発の結果，目標への到達度を評価できるようになり，能力開発活動自体の成果も検証できるようになる．

4．能力管理の実際

　第5章では「能力管理を進める全プロセスを体系的に展開するにはどのようにするか」をモデルとして示した．このモデルは現在，筆者が企業指導をする際の共通モデルとして実施している内容である．組織によって課題やニーズは異なるので，「モデルのどの部分を重点的に行うか」を審議したうえで，必要な範囲を採用することが望ましい．必ずしもすべてを行う必要はなく，コスト

と投入可能な時間や人を考慮して設定することで，どのような組織でも導入できる．

　第6章では能力管理の導入事例を紹介している．組織を挙げて取り組んだ成果と方法論が具体的に読み取れるように図表と写真などでその模様を克明に示しているので，理解しやすくなっている．この取組みは1年間の活動での到達点を示している．全社的に取組むには配慮が必要となるが，活動開始から終了までを見られるので第1章から第4章で解説した内容をよりリアルに擬似体験できる．また，第6章の事例で紹介したような工夫もすれば拡張性や応用性のある展開とすることも理解できるだろう．

　本書の全体を読み終えた時点で，能力管理の全体像が確かなものとして読者の方々に理解できるように心がけた．

目　次

第1章
職場の課題と能力管理

　能力管理は，人と強いかかわりをもちながら，企業活動や生産性，仕事のあり方を検討するものだ．能力管理の具体的な場面は人材育成の場にある．人材育成とは人を育てることだ．人を育てるにはその性質や原理を理解して，工夫して取り組まなければならない．その際に感性が必要になる．この感性があるかないかで人材育成の成否が分かれる．この感性の根幹には，個人のもつ人間観と能力観がある．

　本章では人材育成と能力開発をどのように考えるべきかを検討したい．

1-1　人材育成・能力開発をめぐる課題
(1)　「人材育成」は永遠のテーマ

　企業の「人材育成」は永遠のテーマである．企業は人材の働きによって活動を展開する．適切な人材育成を計画的に展開することで経営の未来を考えることができ，安定した企業活動が保証される．

　時代の変化と企業内教育のかかわりについて考えてみよう．例えば，技能伝承が行われないままにベテランが退職すると，企業活動そのものに大きな打撃を与える．すでにその影響を受けている企業もある．一方，これをチャンスとして，若手を採用し仕事の内容を刷新する企業や，新しいビジネスモデルに切り替える企業もある．これらの背景を考えてみると，共通して人材育成の質が問われていることは明らかである．

　人材育成は一見，簡単にできそうに見えるが，実際はそう簡単にはできない．形だけ整えることは簡単だが，成果を出すことのできない例は数多くある．さらに，これに気づかない企業人・経営者も大変多い．「人材育成は現場の問題で，彼らが責任をもってやるべきだ」と現場任せにしている経営者もい

る．人材育成・企業内教育は，「計画的経営の一環として経営者が仕組みをつくり，効果的に進める環境づくりをすること」が前提なのだ.

　企業が生産革新を進めるときには，設備や技術とともに人材の充実・確保が必要となる．設備や技術も重要な要因ではあるが，それらと同等か，それ以上に優れた人材が求められるのである．いつの時代にも，どのような経営環境のもとでも，人材育成・企業内教育は企業にとって永遠の課題である.

(2)　従来型の人材育成とその問題

　人材育成はどのように行われているだろうか．次の4つの見解について**図表1-1**で検討してみよう.

　まずは，「①実施していない（実施しない型）」とする見解である．「能力開発や学習は個人の問題」と経営者が捉えていることから，このような実態があるのだろう．つまり，「個人の努力が大切で，会社はこれに関係することはない」と考えているのだ.

　次いで，「②必要に応じて，現場が実施する（現場実施型）」とする見解であ

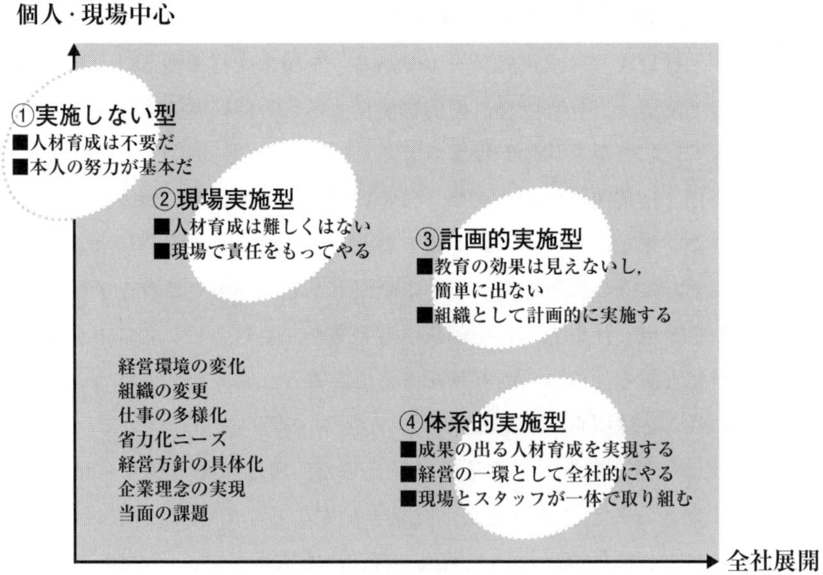

個人・現場中心

①**実施しない型**
■人材育成は不要だ
■本人の努力が基本だ

②**現場実施型**
■人材育成は難しくはない
■現場で責任をもってやる

③**計画的実施型**
■教育の効果は見えないし，簡単に出ない
■組織として計画的に実施する

経営環境の変化
組織の変更
仕事の多様化
省力化ニーズ
経営方針の具体化
企業理念の実現
当面の課題

④**体系的実施型**
■成果の出る人材育成を実現する
■経営の一環として全社的にやる
■現場とスタッフが一体で取り組む

全社展開

図表1-1　企業を取り巻く変化と人材育成

る．ここでは「作業者の能力向上は企業として，当然考えなければならない」
と捉えているのだが，これは「経営上の問題ではなく現場の問題として捉える
べき」とする見解である．この中心的な教育方法として OJT が位置づけられ
ている．これは「仕事をやりながら仕事を教える」方法だが，仕事を指導者と
一緒にやっていても，指導される側は仕事を身につけられない場合が多い．こ
れは，指導者が OJT のやり方を知らないこと，成果の見える化が行われてい
ないことに起因していると考えられる．「仕事は自分で覚えるもので教えて覚
えるようなことはさせない」と公然と発言するベテランも少なくない．

　そして，「③計画的な教育を企画し，実施する(計画的実施型)」とする見解
がある．これは，全社的に教育の企画・実施を推進する方法であり，経営の一
環として人材育成を位置づけて進めようとするものである．このような体制づ
くりには独特のセンスが必要で，担当部門・部署に負荷がかかるために形骸化
している例も多く見られる．まさに，経営の質が問われるところだ．しかし，
その必要性・重要性はわかっていても，建前的に扱われ，実質的には機能して
いないこともある．またそれ以前に，「人材育成は難しく，なかなか結果が見
えない」と諦めていることもある．

　最も認識度の高い見解は「④経営理念・教育方針のもとに人材育成を推進す
る(体系的実施型)」という見解である．まさに，経営と人材育成の一元的推進
をテーマとしているものだ．この体制がしっかりしていれば順調な展開が期待
できる．このためには人材育成に関する認識が社内に行きわたっている必要が
ある．本書でもこの体制を求めたいが，一般にこのハードルは高い．また，こ
のテーマを継続的に実行する点で問題を抱えている企業は多くある．

　以上，①〜④で挙げた見解に共通する人材育成の方法を整理すると次のよう
になる．

　一般に上司が部下を教え，先輩が後輩を教える方法が行われている．その進
め方は「目標管理システム」「職制による縦系列の教育システム」が主流とな
っている．具体的には「OJT・Off-JT 教育」で行い，「力量考課表」を用いて
上司による部下評価が行われる．このような方法は正しいだろうか．

　この場合，次のような問題があると考えられる．

　❶　一部の職制に責任と負担が集中する．

❷　上司である指導者の質に依存する.

❸　教育内容相互の関連性を考えた計画がない.

❹　指導者が単独で行動し,その結果は書類で整理するだけである.

❺　成果・効果の検証が曖昧となり放置される.

　このように整理してみると,形式的には人材育成を実施しているように見えるが,実体がともなっていないといってよい.これらの状況では,**図表1-1**に示したように,さまざまな変化に企業は囲まれている.経営環境の変化,組織の変更,仕事の多様化,省力化ニーズ,経営方針の具体化,企業理念の実現,当面の課題などがそれである.これらに応え得る人材育成・企業内教育を行うためには,現状の環境は厳しいといえる.①②③の方法ではもはや立ちいかない時代になっているのである.④を実質化し,より強い取組みとするには,従来の考え方を越えて実践すべき考え方があり,その1つの柱が能力管理にあると考えている.

1-2　人材育成・能力開発とは何か
(1)　人材育成と能力開発

　人材育成は教育の部分を構成する.人材育成という言葉は何らかの目的をもった活動を表している.この言葉を「人材」と「育成」の2つに分けて考えてみよう.

　人材の「材」には材料,素材,機材のような言葉から連想するように資源としての意味がある.資源は単にそこにあるだけでは資源にはならない.活用され,力を発揮して資源となる.つまり,その活用や効用に対する期待が資源にはある.このように考えると,「人材」とは「活躍を期待される人」のことを指している.

　同様にして,「育成」を「育」と「成」に分けて考えてみよう.「育」とは能力をその人の資質に合わせて向上させることだ.「成」は「仕上がる」「作り上げる」「成し遂げる」の意味がある.したがって,「育成」とは「能力向上によって,仕上がる」ことを指しているといえる.つまり,「人材育成」は「活躍できる人を育て仕上げること」と解釈できる.教育が包括的な意味合いをもって使われるのに対して,人材育成は特定の目標や範囲を前提として使われてい

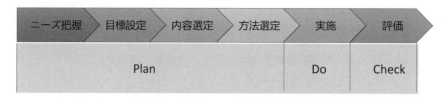

図表 1-2　人材育成の PDC サイクル

る．例えば，企業では人材育成を使うことが多いが，これは企業活動で期待される人材を作り上げることを意味している．同様にして，サークルや団体，地域においても人材育成という言葉が使われる．

　能力開発は人材育成よりも，より具体的で明瞭な内容をもっている．能力開発は人材育成の部分を構成する．扱う対象を能力に限定して使うのである．また，能力を育成するのではなく，能力を開発する点で異なる．能力開発は「既存の能力を身につけるのではなく，必要とする能力を開発していくこと」も含んでいると理解できる．

　人材育成の進め方は図表 1-2 に示すように，［①ニーズ把握→②目標設定→③内容選定→④方法選定→⑤実施→⑥評価］の順序で左から右に進めていく PDC サイクルである．人材育成の最終目的は職場が求める人物像に対象者を近づけることである．人材育成も教育も目的追求活動である．この場合，組織的な取組みであれ，個人的な取組みであれ，その目的に合わせた人物像を設定する．人材育成は，対象者がその人物像に近づき，より優れた活動を期待する活動なのだ．

（2）　人材育成，能力開発の課題

　人材育成を実践してみると，多くの課題に囲まれていることがわかる．特に次の5つについては重要な課題となっている．

　　①　求める人物像を描くことが難しいこと

　　「人材育成によって，どのような人材にしたいか」を明瞭に示すことは目標設定として大事なことだ．「どのように作業すれば目標設定ができるか」が不明瞭なために目標設定で問題を残しているのである．

　　②　求める人物像に到達させるための内容と方法が不確かなこと

　　目標が定まると次はカリキュラムや研修プログラムを作成するのだが，その組み立て方が確立していないために起こる問題である．

③　「求める人物像に到達したかどうか」の判断と評価ができないこと

　　評価の観点と評価項目を明瞭に示せないことから，形だけ評価はできても実用的ではないことはよくある．

④　誰でも受け入れやすい環境作りが困難なこと

　　誰でもが受け入れやすい人材育成の環境作りは普段の業務の多忙さもあって，困難なことが多い．普段の業務と人材育成のどちらかを優先する場合には業務優先になりがちである．

⑤　人材育成の方法が確立していないこと

　　「人材育成で行われる方法は何か」と問うと，「OJT」と回答されることが多い．OJTとはOn the Job Trainingのことで，「仕事に就きながら訓練すること」を表す．「仕事を学ぶには仕事に就いて学習すればよい」という考え方が根強くあるが，実際には仕事に就いているだけで適切な学習が行われないことはよくある．OJTではあらかじめ目標を設定して，仕事の場面で実践的に学習し，目標に到達したことを確認する方法である．

　　人材育成の方法はより多様な機会を用意すべきであろう．

　以上①〜⑤のように図表1-1に示した①〜④のタイプごとに課題があることがわかる．これらの課題に応えることが能力管理のテーマであり，能力管理を導入するねらいである．

1-3　能力とは何か，職業能力とは何か

　人々は能力のことを意識しなくても暮らしていけることから，意識上の対象としてのみ能力が登場する（図表1-3）．何気なく使用している，「この子はよくできる……」という言葉のなかに「能力とは何か」が表現されている．「能」という言葉は「よくできる」ことを意味している．だから，能力とは「できる力」のことを指しているのである．能力は捉え方によって変わる．ある国で重要視されても他の国では全く相手にもされない能力もある．このように能力は個人を取り巻く文化，自然，歴史，価値観，生活などを反映して定まるものである．

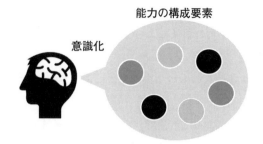

図表 1-3　能力は意識化することで見えてくる

　能力とは何かを考えてみよう．人は能力によって生き，能力は生きることによって開発される．人は時として，意図的に能力を開発して生き方を変えようとする．研修への参加や，起業などがそれである．能力は人の生活と切り離すことはできない．そして，能力は生活が育ててきたものである．能力開発でいう能力とは生き方を支えるものとしての「能力」であって，決して差別の道具としての「能力」ではない．能力とは人の生き方や暮らしと関連した存在である．人によって能力が異なるのは当然のことである．能力は生得的資質，身体機能に影響を受けるから個人差が生まれるのである．また，その人が住む国，地域，自然，文化，歴史によって個人差を増加させる．能力は備わっているものと後から加わっていくものとに分けられる．したがって，固定した能力というものはない．能力は常に変化(進化，衰退，変質)するものである．また，能力は見ることができない．見えるものは能力を発揮した結果に過ぎない．だから，実際にやらせてみなければ見ることができないものである．国語辞典で「能力」を調べてみると，「物事を成し遂げることのできる力」とある．この意味はいろいろな解釈になりがちだ．「物事」とは何だろうか．人の一生をかけて成し遂げる物事もあれば，日々，行っている物事のように一瞬で完了するようなものまである．このように多様な物事を前提にしていると考えられる．

　能力の定義を考えてみよう．能力を言葉で定義することは容易ではないが，あえて行うことにしよう．「能力」の「能」は「よくできること」を意味している．「力」とは「備わっている力量」のことであり，「よくできる力のこと」と理解できる．「能力」を英和辞典で調べてみると次のようになる．

　①　ability：仕事を完遂し，適応するために生活体に備わっている力．能

力，技量

② 　capability：最適の訓練によって到達できる最高水準をいう．訓練可能性

③ 　capacity：各個人のもつ生得的素質によって規定される行動の可能性の限界

④ 　talent：訓練によって上達できると予想される未開発の資質．才能

⑤ 　aptitude：訓練によって知識あるいは技能を獲得する力の徴候の特性．適性

⑥ 　competence：作業遂行の条件となる能力．資質，適性

　能力は「現在の行動の可能性を支える個体的条件」という個人の生得的な素質面と，「経験や訓練などの後天的要件」の側面の両者で構成していると理解できる．後で述べる CUDBAS（職業能力の構造にもとづくカリキュラム開発手法）で示す能力は，主に後天的な学習・経験によって獲得された力に関連するものに限定している．このことから ability を使用する．能力開発では生得的な資質は能力獲得の基礎的な部分であって，教育訓練では扱いにくい部分といえる．だから，資質を教育目標とすること，評価の対象とすることは避けるべきと考えたい．

　職業能力について考えてみよう．職業に就いて活動を進めるためには，そこで必要な能力が求められる．職業能力とは「職業の業務の遂行に必要な力量」と定義しよう．これは，職業人として活動するのに必要な力量を指している．CUDBAS では職業の業務の遂行に必要な能力には，「広がり」と「深まり」があると仮定している．広がりは必要な能力の分野や範囲を示し，深まりは「どの程度の保有水準が必要か」を示している．このように縦軸と横軸を設定すると，一つの座標軸の平面上に能力が点在する．これを図で表すと**図表 1-4**のようになる．

　図表 1-4では，能力の種類には「知識」「技能」「態度」の3種類があると考えている．知識とは，業務遂行に必要な技術的知識もしくは関連知識のことである．技能とは業務遂行に必要な実践的能力，行動的能力を指している．態度は業務遂行に必要な構え，態勢，習慣的な事柄のことである．

　ここで，職業能力について検討してみたい．ある人材が何かの能力をもって

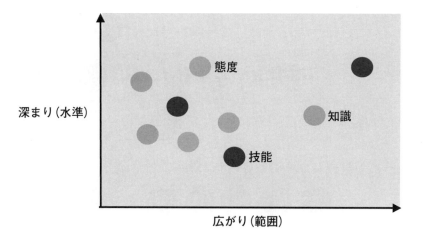

図表 1-4　能力の種類と広がりと深まり

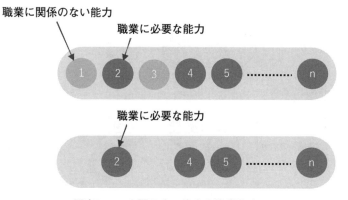

図表 1-5　人間のもつ能力と職業能力

いるとすると，「その能力には小さな能力要素が複数あって，これらが集合して一つの能力になっている」と考えることができる．これを能力の粒子モデルとよぶことにしよう．これから示していく内容はこのモデルで説明する．

　図表 1-5 のように職業に関係のない能力と職業に必要な能力とに分けて考えよう．図表 1-5 上図の「2」「4」「5」…「n」は前者を示し，「1」「3」は後者を示している．職業能力としては「1」と「3」を除く内容が必要なのでこれらを排除して図表 1-5 下図のように描くことができる．

　これだけでは職業能力として不足がある場合には図表 1-6 上図のように新た

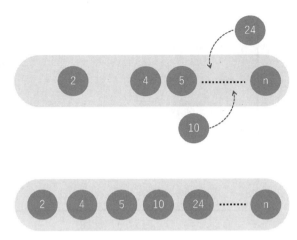

図表 1-6　職業能力の構成

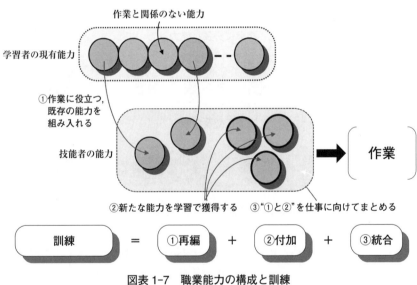

図表 1-7　職業能力の構成と訓練

に人材育成によって「24」と「10」を加える．これで必要能力が確保されたとすると，**図表1-6**下図のように構成することになる．このようにして，必要能力を保有する人材が育成できる．

　図表1-5と**図表1-6**をもとに，訓練とは何かについてまとめたものを**図表1-7**に示した．学習者は訓練をすることで技能者となる．訓練には3つの機能

があって，これを実行して成果を得ている．それらは再編機能，付加機能，統合機能である．学習者の能力のなかから「①　作業に役立つ既存の能力を組み入れる」のである．そして，それらだけでは不足しているため，「②　新たな能力を学習で獲得する」必要がある．このようにして既存の能力と新たな能力を獲得しても，それだけでは作業をこなすことはできず，「③　"①と②"を仕事に向けてまとめる」ことで達成できる．このようにして職業能力を獲得できる．訓練とはこうして再編，付加，統合によって職業能力を獲得させることである．

1-4　能力開発のプロセスと考え方
(1)　能力開発のプロセス

　能力開発では始めに教育ニーズを把握する．「なぜ，能力開発を実施するか」「何を能力開発すればよいか」「誰に実施するか」「いつ頃までに完了するか」などである．このとき，「能力開発を行う必然性は何か」から議論しておく必要がある．図表1-8は教育の企画から評価までの全体像を示している．図表1-8左のようにPDCを回す能力開発で特に大事なのは，準備(Plan段階)，つまり企画・計画の段階である．

　図表1-8のなかに能力管理に属する活動が入っている．例えば能力マップや到達度評価などである．能力マップは，「作業者の能力を把握し，それに合わせた能力開発を実施したい」として活動が展開されている．この活動のもともとの内容は「力量考課表」にある．ISO認証に当たって扱われてきた「力量考課表」は従来のスキルマップを土台として作成されていた．

　スキルマップや力量考課表の共通点は，「作業工程の各作業についてどの程度できるか」を記載したことである．これらは知識(技術的内容や，背景となる科学的内容)や態度(作業への構え・応対・挙動の傾向)を対象としていないが，作業者の能力把握にもとづいて明確な目標の下に管理を行う点では優れた活動といえる．

　能力管理には，能力の現状把握，能力問題の整理，能力開発の企画，その実施と評価が含まれる．本書では能力管理としての能力開発を扱うが，能力開発の実施については他書に委ねたい．

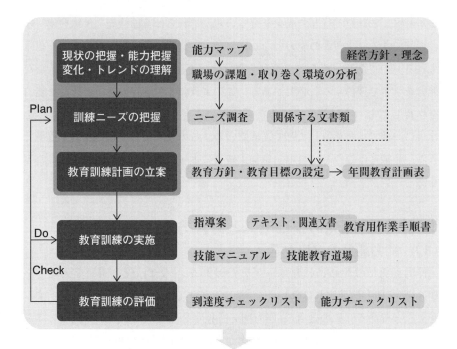

企業活動の展開

図表 1-8　能力開発のプロセス

（2）　人材育成と能力開発の考え方

　人材育成と能力開発は教育の部分を構成している．教育は人材育成と能力開発の上位概念で，人間のもつ諸要素(身体的・精神的特性や性格・素質，感覚・感性など)をその社会，時代，環境に合わせて発展させることが原点にある．ここでは教育を「個々人の可能性を見い出し，それを可能な限り伸ばし，個人の未来を切り拓く営み」と定義しよう．教育の根底には「人間一人ひとりに対して「個の尊厳」をもち，その人間は「かけがえのない個」として扱う」という大切な考え方が流れている．

　別の観点で捉えると，教育は目的を実現しようとする目的追求活動でもある．だから，教育は目的のための手段ということができる．企業が人材育成や能力開発のような教育を行うことには大きな意義がある．企業はその事業によって，企業理念を実現するという目的を実現しようとする．だから，目的に到

達しなければ教育しなかったのと同じということになる．そのため，「目的に
到達したかどうか」について明確な評価をしなければ，教育を完了したとはい
えない．教育は歴史・文化・自然・科学・技術という人間が残してきたものを
継承し，発展させ，その時代，時代の課題を解決しようとしてきた．教育は人
間社会の課題解決に役立つように組み立てられ，活用されてきたのである．

　また，教育は何らかの価値の実現を図ろうとするものである．国によって文
化が違うように，国によって大切にする事柄が異なる．教育には価値観という
ものが必ずある．教育で大切なもの(価値)は何かについて示したものを教育理
念という．教育はそれを追究することが目的となる．企業が教育を実施する際
に重視することは企業理念の実現である．なぜなら，企業は企業の大事にする
ことを実現しようとするからである．

　一方，理念は評価に影響を与える．評価は理念で描かれた価値観や価値体系
のスケールで測定され，判断される．企業理念や教育理念とのかかわりで教育
の成果が評価の対象になるからである．

　教育を突き動かすものは変化である．変化が教育を生み出し，変化が教育を
求めているといってよい．例えば，業務の変化，組織の変化，人材構成の変
化，環境の変化などがある．だから，環境の変化を摑むことが教育の始まりと
なる．「今，何が必要か」「何に備えて何を成すべきか」を考えて企画し，計画
する．このように，教育目標を設定するうえで欠かせない情報は，環境変化の
トレンドにあるといえる．

(3)　人間観や能力観が変える教育の姿

　教育が求める人間観や能力観が教育の姿を変える．

　人間についてはどのように捉えるべきだろうか．人間は前向きに進むことを
好むとするか，後ろ向きで止まることを好むか，いずれだろうか．この捉え方
の違いで教育の仕方や方針が変わるのである．私たち人間は迫る変化に立ち向
かい，新たな変化・トレンドを生み出す存在と考える．また，一人ひとりの個
性は異なり，それぞれがもつ良さを発揮して人間社会を維持・発展させている
と捉える．個の存在は何物にも代えがたい存在と考えるのだ．人材育成や能力
開発は「個を大切にすること」から出発しなければならないと考えたい．

　能力についてはどのように捉えるべきだろうか．能力に対する信頼がまず挙げられる．「能力は無限にあり，それが花開くことを確信している」という考え方に立つのである．もしも，学習者がわからなかったり，できなかったりするときは，「指導者がよく指導しなかったから」と考える．そのような能力観をもつことが大切だ．相手を信頼することによって，相手からも信頼されることになる．能力に対する不信感や悲観論で教育は成り立たない．楽観論であればこそ教育が成立する．

1-5　能力管理による能力開発のシステム展開

　能力管理は能力開発のキーステーションに位置づけられる．組織の行う目的活動において，能力管理が成り立っているのである．「個人の能力をどうにかしたい」ということは問題ではない．優れた組織の活動にとって，「何を行えば目標を到達できるか」の視点が大切である．この観点から構築する能力開発のシステム展開が重要となる．

　未来の人材育成とはどのようなものだろうか．いくつかのデザインを描いてみたい．これまでのように，上司が部下を指導したり評価するのではなく，その対象となる能力項目について優れた者が教えるという方法になるだろう．「特に優れていなくても役割だから教える」というのは合理的ではない．職場には若くても，優れた能力の保有者がいるものだ．また，係やラインの範囲を越えて，学習すべき集団に対して優れた者が教えることのほうが納得できる．当然ながら評価もその能力項目に関して優れた者が行うとよい．今日，必ずしも上司が優れた能力の保有者ではなくなった．縦系列から横系列への指導が普通になりつつあるのだ．特定の能力項目を必要とする関係者相互で行い，横系列を重視した考え方で教育が行われることが主流になると考える．人材育成が必要とする機能を中心に考えたほうが，これからはより鮮明になる．

　まず，必要になるのは全社員の能力保有状況を把握し，会社の経営方針，工場の方針に合わせて教育計画を作成しておくことだ．この計画は常に更新され，最新の内容が示されている必要がある．さらに指導者が指導する際に必要な教材，指導案，技能マニュアル，作業標準書が整備してあることが重要だ．また，学習者は目標との関係で保有能力の現在位置を常に把握することが大切

になる．こうなれば，人材育成結果の即時フィードバックが可能となり，早期に対応ができる．

　現状を常にオンラインで可視化しておけば，このことは容易に実現できる．一歩進んで，未来をシミュレーションして対策を早期に立て，行動することは安定した生産活動の展開に役立つ．だから，こういったシミュレーションも最新版で参照できるシステムがあると役立つ．

　以上の環境を整備できれば，多くのメリットを受け取ることができる．人材育成が初めてシステムとして構築されるのだ．IT 時代の今日，システム化が不可能なはずはない．

1-6　職場が抱える課題と能力管理の役割
（1）　能力問題と職場の課題

　職場では多くの問題に囲まれているが，本節では品質，作業負担，暗黙知の3つのキーワードを中心に能力管理とのかかわりを整理したい．この3つのキーワードはいずれも人間が介在しており，そのために能率・非能率，効率・非効率，安全・不安全，負担・過負担，明確・不明確，指導の確実性・不確実性……などの問題が現れる．これらは総合的に見ると，生産性そのものである．能力問題は生産性と切り離せない重要な職場の課題である．

　「能力問題とは何か」について考えてみよう．個人の能力が個人のものとしてある場合，能力問題は発生しない．しかし，作業者として生産に携わり，何らかの能力発揮によって生産にかかわる瞬間から，個人の能力は組織や生産設備や労働問題などとかかわるようになるため，能力問題が顕在化する．一個人の能力であるうちは能力問題はなく，能力の実態があるのみだ．学生が自己を高めるために研鑽し，実力を養う間は能力は実態としてあるだけである．しかし，職場に所属して組織人としての活動が開始されると能力問題が現れる．

　能力問題は，組織の命題や組織の目的とクロスして登場する．組織は目的活動を推進する．企業であれば企業活動によって企業理念を実現する．一個人の能力の存在はあるがままとして捉えられるが，組織の一員としての能力は目的活動への貢献や能率といった事柄とかかわって問題性を帯びるようになる．

　ところで，職場の課題とは何だろうか．課題とは問題をある観点から意識化

したものをいう．目の前にある問題を何とかしたい，解決したいと願い，意識
化したものを課題とよぶ．職場にある課題とは，現在，何らかの問題で目的に
到達できていない場合，それを到達できるようにしたいとしたときに「職場の
課題」となる．組織として活動すると能力問題は顕在化し，課題となる．この
ように，ここで扱う能力管理とは「組織の目的に照らし合わせて，どのように
課題を解決するか」が底流に流れていると考えている．

(2)　品質問題への対応

　品質問題を起こす能力管理の問題は，下記のような内容がある．

　　①　作業方法上に問題がある．

　　②　環境の問題(予定した環境がない)がある．

　　③　人材(作業者)に質的問題がある．

　　④　作業指導に質的問題がある．

　　⑤　トレーニングの内容と方法が良くない．

　　⑥　暗黙知の明確化ができていない，放置している．

　　⑦　作業方法に改善の問題がある(非能率で低い生産性だが，以前からの
　　　方法を踏襲している)．

これらのいずれか一つではなく，複数がかかわって問題が起こることがよく
ある．いわば複合要因によってもたらされるものだ．したがって，どれか一つ
にのみ対策を講じたからといってすぐに問題の解決とはならない．

　上記の問題それぞれについて，検討してみよう．

　　①　作業方法上に問題がある

　　　これは，「その方法が品質ほかでのマイナス要因を巻き込んでいるかど
　　うか」という問題だ．ここでは，「作業方法が妥当かどうか」を検討する
　　必要がある．すべてに良い方法というものは少ない．メリット・デメリッ
　　トが必ず存在する．そのため，「メリットを生かそうとすれば，デメリッ
　　トをどのように少なくさせるか」が観点になる．

　　　この際，配慮することは，作業者である人間の機能に合わせた合理的な
　　方法に仕上げることだ．例えば，人間のミスやエラーが混入しないように
　　する．あるいは複雑な要因を単純な要因にまとめて，判断しやすくするこ

となどはよく行われる．ある作業をするに際して，特異な姿勢をとることは問題を複雑にする．だから，姿勢がかかわらないような方法をとることで問題はシンプルになる．

② 環境の問題(予定した環境がない)がある

　これは，「光や音，温度，湿度，作業位置などが，品質にとってマイナス要因の混入がないように配慮してあるか」という問題である．これらは，どの要素をとっても，品質に影響を与える．そのため，できるだけ一定の環境を維持することが重要になる．環境の変動は大きな問題に発展することもあり得る．例えば，工場内の気温の変動，光の不安定性などが品質に影響を与える．また，作業場所が高所にある場合，足下の不安定な場合，狭隘な空間で作業する場合などはさらに要因を複雑にする．

③ 人材(作業者)に質的問題がある

　一つの作業はそれを行うにふさわしい者が従事することが前提であるが，作業者に関しては，複雑なこともあり，ブラックボックス化していることがよくある．一言で「質的問題」といっても，作業者にはどのような質があればよいのだろうか．「作業者の質の判断基準は何か」と問うと，簡単に答えられる問題ではないことが推測できる．

　しかし，作業者の能力に限定し，それを明確化することで人材の質的問題の多くを解決できると考えられる．例えば，「求める質は，知識なのか，態度なのか，経験なのか，判断力なのか，着眼点なのか」のように仕分けすることで明瞭化できる．よく行われるのは，「作業に就くにふさわしい準備性(レディネス)を保有したかどうか」を検討し，それを有すると判断した時点で作業に就かせることである．

④ 作業指導に質的問題がある

　作業指導は一般にOJT(仕事をやりながら指導すること)が行われている．一見，もっともなことだが，視点を変えると危険な方法ともいえる．例えば，「高速で回転する設備を停止させないで，材料を投入する作業」などについては，OJTによらない教育を検討する余地は十分にある．この場合，例えば，現場と離れた場所に教育の環境を設けて，低速で回転可能な設定のある設備が準備できると，さまざまな指導の可能性が広がる．

　　OJTでは十分に教育を行えない場合が多くあり，OJT以外の方法による教育をも行うことで，作業指導がきちんと行われ，作業に就ける準備性が整えば，予定した品質が得られる．

⑤　トレーニングの内容と方法が良くない

　　求める作業者を育てるためには，最適・最短のトレーニングがなされて，十分な質が確保されることが求められる．よく行われるトレーニングは「❶指導者がやり方を見せて，❷学習者に観察させ，❸学習者がやってみて，❹指導者から評価して指導し，❺学習者が自立して作業できるまで繰り返す」という方法だ．この方法はオペレータのような比較的，作業範囲とサイクルタイムの小さな場合に効果を発揮する．気の利いた学習者は自らメモをとり，工夫しながら学習するものである．これに対して作業範囲が大きく，サイクルタイムも長時間で完了するような場合は，その指導方法と質が問われる．このとき，「基本事項は網羅したか」「その方法の根拠は何か」「よくあるエラーは何か」「作業手順書は充実しているか」など，検討すべきことは多くある．

⑥　暗黙知の明確化ができていない，放置している

　暗黙知という考え方がある職場はまだよい．暗黙知の存在にすら気づかない職場がある．単に「経験だよね」といった言葉で片づけてしまうことも多く見受けられる．このように，多くの職場では，暗黙知の明確化への努力がなかったり，明確化できていなかったり，暗黙知を放置しているのが実態であろう．

　　暗黙知とは「言葉で表現しにくい知恵・知識のこと」であるが，これが他者に効率よく伝えられれば生産性が飛躍的に向上できる．この暗黙知は，作業範囲が大きく，かつサイクルタイムが長く，長期にわたる経験が必要な作業に含まれていることが多い．

　　暗黙知は明確化することで伝わりやすくなるが，明確化の方法自体に暗黙知があり，明確化は遅れているのが実態だ．暗黙知はいつの時代でも発生するもので，そのエリアは職種や業界を問わず問題となっている．この改善のためには「暗黙知を管理する」という考え方が必要である．

⑦　作業方法に改善の必要性がある

　現場で行われている作業方法を見ると，必ずしも現代的に改善されていないことが多い．なぜ，このような作業方法が疑問もなく繰り返されているか，不思議に思うことがある．おそらく長年，その方法で成果・結果が出ているので，改善する必要性を感じないためと考えられる．

　例えば，部品の表面を研磨する際にサンドペーパーで磨くことが当然のことのように行われている．これを他の方法・手段に置き換えることで，負担が少なく，かつ良い仕上がりになることがある．そのため，この作業が行われている理由を尋ねると，「以前から先輩が行っていたので，その方法をそのまま行っている」という回答であった．これでよいのだろうか．非能率で低生産性の作業方法は躊躇なく改善して，より安定した品質にすべきである．

品質は，それにかかわる要因全体を反映した結果ともいえる．品質問題にかかわる能力管理については，上記の7つの観点をもとに検討するとよいだろう．

（3）　作業負担の軽減

　作業者の能力に合わせて作業方法を創り出すことが理想的だが，作業者にカスタマイズした方法を採用することには困難がある．しかし，どの作業者にとっても作業負担が軽減されるような方法を考案することは可能である．採用を検討している作業方法にミスもエラーも混入しにくいのであれば，作業負担を優先して検討するとよい．作業負担が同じ複数の作業方法を検討する場合には，「作業に必要とされる能力が妥当なものか」を考えたうえで検討する．「作業者の能力を向上させて対応すべきか」「作業者に能力向上を要求しないでもできる作業方法を採用すべきか」については見解が分かれる．例えば，要求する能力の向上が作業者にとって無理のない努力で図れる場合，能力向上の要求には意味がある．このとき，能力向上に際して達成不可能な努力を伴う内容や，向上を求める能力に拡張性も成長性もない内容は避けるべきである．

　作業方法を検討してみると，意外にも多くの問題が見い出せる．一般的に作業方法を一度決めて作業が開始されると，変更することは少ないものである．作業方法は旧態依然とした内容であることも多いので，作業方法を再評価する

と余計な作業負担を軽減できる場合がある．例えば，筆者の経験ではアイマーク一つを付けるだけで作業の質が変わることもあった．一方で，このような工夫をしないまま，目視判定のような感覚に依存する作業もある．

　不要な感覚や判断を整理することもなく，過去の作業方法をそのまま継承している場合には改善の余地がある．ミスの混入しない作業工程を作ることが求められている場合，そのような作業方法の条件としては，「複雑でないこと」「余計な確認や動作を必要としないこと」「作業の成功する確率を向上させること」「リスクに強い方法を考案させること」「適度な緊張の持続と作業スタイルの変化を織り交ぜること」などが考えられている．

　能力管理の適切な実施と作業負担の軽減は，必ずしも両立するとは限らない．場合によっては背反関係になることがあるため，そうした場合の判断基準については，あらかじめ検討しておく必要がある．

（4）　暗黙知の見える化

　今日，暗黙知の明確化の努力が十分にされているとはいえない状況がある．そのために能力開発は一定の水準でとどまってしまう傾向がある．結果として，生産性が向上できないのである．特にベテラン自身が暗黙知の所在がわからずにいることがある．また，暗黙知の所在がわかったとしてもその内容がどのようなものかは全く手つかずの状態ということもある．つまり，長い期間かかって獲得した熟練の能力の内容を克明に記述することもできず，「暗黙知の本質は何か」と問われても明瞭に説明することもできないのである．このような状態では暗黙知に関連する問題解決を指導できない．この部分にスポットを当てて努力がなされれば，暗黙知指導は見通しが立つだろう．

　ところで，技能は誰でも容易に指導できると考えられがちだが，これらの指導は十分にトレーニングを積まないとできないものである．技能指導の困難さと重要さの認識が低いために多くの無駄を排除できていない可能性がある．技能は簡単に学習できるものではないが，非常に困難なものでもない．

　技能は繰り返しやらせても身につかないし，見せてやらせてもできないことがある．なぜなら，学習者は「どこを見れば良いのか」「なぜそのようにするのか」が全くわからないのである．したがって，技能指導では，確かな方法を

明瞭に示し，勘所とポイントを説明することで学習しやすくなり，上達もしやすくなる．この際，技能の背景にある科学や技術的な知識との関連を示すと，効果的に学習ができる．これまで技能学習にいわれていた「繰り返し練習すれば身につく」という考え方をやめ，新しい学習の方法を確立する必要がある．

(5)　生産性の向上

人材の問題と QCD の関係について検討しよう．

まず，コスト意識である．コスト意識は簡単に育たない．その意義，意味，理由がわかっても行動には至らない．切り詰めてよいコストと切り詰めるべきコストを見極めたり，その違いを理解することが重要だ．コストの問題は単に，使用したコストの問題だけと考えがちだが，そうではない．また，節約することがコストの削減とイコールになるわけではない．作業時間の削減も，目標品質の達成時間の削減も，コストの削減になる．これと同様に人材育成の時間削減もコストの削減であり，能率の向上や疲労の軽減もコストの削減にかかわる．

次に納期については，進捗の見える化と，その障害要因の判断と処置が大切である．日常のなかで学習するには基本的・基礎的な知識の理解が求められる．このことは状況判断，要因特定，改善方針の企画，実行，関係調整……が必要となる．品質については 1-2 節で述べたとおりである．

QCD では，自覚と気づきにもとづいて基本的な知識と技能を身につけたり，考え方を工夫したり，構えをもつといった対応も必要になる．また，これらの能力管理としては，継続的フォローアップで確実な習得を目指すことも有力な方法である．

1-7　能力評価によるインセンティブ

能力によって処遇や待遇に反映させることが一般的に行われている．これは通常，2 つに分けて考えられる．「①能力の高さそのものを評価する方式」と，「②能力に見合った成果を評価する方式」である．問題は，①でも名目上は能力評価の反映が行われることである．このとき，能力に応じた仕事ぶりを発揮することが期待されているにかかわらず，そうなっていない場合には公平

感が失われる．能力を仕事に反映して成果を出す誘因がインセンティブだが，能力を仕事に反映するのを妨げる場合にはマイナスのインセンティブがあるといえる．ここでは，［能力評価＝能力発揮＝能力が成果に反映されている］という図式が前提になっているといえる．能力給とは，成果給とよばれる処遇制度と解釈できる．成果給を導入する場合には，能力と給与との妥当な関連性を示すことが前提である．

　さて，能力評価は何のために行うのだろうか．能力評価にはこれまで述べた査定という意味のほかに，能力実態の現状を未来とのかかわりで位置づけるという考え方がある．つまり，教育的観点からの能力評価であり，単に現状を値踏みすることのほかに，「将来に向けてどのように向上するのか（向上させるのか）」という意味がある．教育評価という言葉を使うときはこの意味で使う．ここでは，「この能力は将来にどのように発展するか．向上できるか．その可能性はあるか」という観点から能力評価が行われる．能力評価によるインセンティブとはこの発展への先行投資という考え方がある．一人ひとりの作業者がこの投資を受けることによって自分自身の未来を拓く契機となるのである．

　このように，インセンティブの違いは，「現場の評価を固定して静的に捉えるか，可能性を含めて動的に捉えるか」という違いになる．能力開発では，いずれか一つで捉えるのではなく，両者が共存する状態があるとよいと考える．

第2章
能力管理とは何か，その範囲と機能

　能力に関する言葉は少なくないが，これまで，マネジメントと合わせて使用されることはなかった．例えば，能力評価，能力主義，能力開発などといった用語はあるが，能力管理の用語は使われてきていない．

　本章では能力管理について，その定義と関連する分野，その機能や特徴を整理することにしたい．

2-1　能力管理とは何か

　一人の個人が組織に所属し，目的をもった活動に従事するとき，能力管理は意味をもつ．何も目的をもたず，組織に属さない場合には能力管理の対象にはならない．

　これまでに，能力管理という言葉は意識して使用されてこなかった．「人の能力を管理するのは過ぎたこと」と考える人は多い．しかし，近年事情が急速に変化した．一般に「能力主義」では，人事を能力評価によって行い，その結果を処遇や職場の配置などに反映させる．国語辞典他には，「能力主義」について，次のような定義が記載されている．

① 個人の能力評価に重点をおいて昇進，昇給を決定する考え方．これまで日本の企業の特徴とされてきた年功序列制，学歴主義といった属人的要素による評価と対照をなす．（ブリタニカ国際大百科事典 小項目事典）

② 能力を重視して，人を評価すること．特に，労働者の報酬や昇進を，個人の能力を重視して行うこと．（小学館 デジタル大辞泉）

③ 企業の人事管理において，賃金・昇進などの決定基準を個人の職務遂行能力におこうとする考え方．（大辞林 第三版）

　「能力主義管理」という言葉も上記と同様の意味で使われることがある．この背景には年功序列管理から能力主義管理へとシフトしようとする考え方がある．「能力主義」と同時期に，能力に応じて給与を支払う「能力給」という言葉も生まれた．

　「能力給」と関連した用語に「職能資格制度」がある．ここでいう職能とは「職務を遂行する能力」のことで，「職業能力」と同義である．職能資格制度は職業能力の保有状態によって資格等級を決め，それに応じた処遇をすることである．これらはあくまでも人事管理の一環として扱うべきものなので，能力開発や人材育成を含めて，能力管理の対象とはいえない[1]．

　能力管理はこれらの考え方とは異なる．能力管理は，組織としての成果や結果を出すことを最終目的とする活動である．能力管理とは「組織としての活動を維持・発展させることを目的として，組織構成員の能力向上を図り，組織としての成果を上げること」と定義しよう．したがって，能力管理が求めるターゲットは次のような内容になる．

1)　生産性の向上

2)　成果および品質の保証

3)　職場改善の質的向上

4)　チームとしての力量(現場力)の向上

5)　良好な職場環境

6)　作業能率の向上

7)　トラブル対応力の向上

8)　安全の確保

9)　新規業務のスムーズな開始

　この他にもさまざまなものが考えられるが，本章では能力管理の範囲をこの範囲に設定したい．

---

1)　なお，職業資格制度と職能について国語辞典では下記のように記載している．
　・職能資格制度：従業員の能力や熟練の度合などによって職能資格等級を決定し，その等級に応じた待遇に処する人事制度．(大辞林 第三版)
　・職能：ある職業についていてその役割を果たすことのできる能力．職務を遂行する能力．(精選版 日本国語大辞典)

また，能力管理を実施すると，次の内容を実現できる.

a)　個の充実

b)　能力発揮

c)　能力の向上

d)　継続教育

e)　職場で必要な能力の見える化と見直し

f)　適切な能力評価

g)　企業価値向上

　能力の向上と能力の発揮が上記の中核である. その結果，個の充実をもたらす. ここでの能力管理は，具体的には継続教育というスタイルによって行われ，これらのバックアップとして能力評価が行われる. 適切な能力評価のためには，「職場で必要な能力の見える化」が先行して行われる. そして，これらの活動の結果，企業価値が向上する.

　図表 2-1 は，組織と能力管理をとりまく諸活動との関係を示している.

　ここで，能力管理を中心に関係業務の関係を説明しよう. 組織が能力管理を行う理由は次の内容によっている. 組織は生産性の向上や能率の向上など安全の確保に至るまでの課題を解決したいからである. また，作業管理も同時に行われる. 作業管理は作業方法の確立や改善などを通じて課題解決に貢献する. 能力管理が企画する人材育成・能力開発によって人的資源の能力向上活動を展

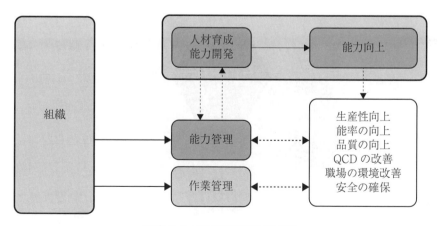

図表 2-1　能力管理の位置づけ

開する．これによって生産性の向上など最終的な結果・成果を得ようとする．
これらの関係は**図表 2-1** に示した．

　能力管理は構成員が組織に所属したときから始まる組織の活動である．組織
は能力管理のもとで人材育成と能力開発を行う．通常，能力管理では，人材育
成と能力開発をコントロールして組織の目的を達成するように働きかける．こ
れによって組織構成員の能力の向上とチームの能力向上が図られる．その結
果，QCD などが向上し，能率も向上するのである．最終的に生産性も向上し，
職場の雰囲気も改善される．能力管理の評価は成果によって行うのに対して能
力開発は「個々人の力量がどの程度アップしたか」という実態で評価される．

2-2　能力管理の範囲と機能

　能力管理の周囲にある業務には労務管理，人事管理，作業管理，生産管理な
どがある．**図表 2-2** にこれらの関係を示した．それぞれ隣接する内容をもって
いる．

　人事・労務系の管理は，勤怠管理，健康管理，福利厚生，給与支払，採用・
配置，処遇，職能等級制度などを扱う．作業・生産系の管理は，作業方法，作
業標準，安全管理，作業改善，進捗管理，設備管理，納期管理，品質管理，コ
スト管理などを扱う．

図表 2-2　能力管理に関連する管理分野

　これらに対して能力管理では，能力開発，能力評価，能力把握，暗黙知指導，作業指示，技能分析，成果の検証などを扱う．また，その対象は人材の能力に関する内容に限定する．職能等級制度は能力評価の結果を人事管理として反映することから，人事制度や人事管理として扱うものとしたい．

　生産性の向上に関係した管理には作業管理がある．この内容は主に作業方法の確立や改善，標準化手続などが挙げられる．本来，能力管理と作業管理は全く異なる分野だが，密接に連携をとりながら進めることは両者にとって効果的な展開をもたらす．作業管理は次の内容で能力管理と関連をもっている．

　① 作業標準書の作成・整備

　「省略のない，わかりやすい標準書となっているか」「判断基準や判定の基礎となる情報を記載しているか」「暗黙知を含む内容を明瞭にしているか」「必要な作業標準書が整備されているか」「標準書作成方法は確立しているか」などが関係する．

　② 作業のしやすさや安全上の留意点

　「作業方法が妥当なものか」「作業者が作業しやすいものか」「作業方法は安全を確保できるか」「保護装置や安全確保の補助手段などが示されているか」等が関係する．

　③ ヒューマンエラーの入りにくい作業方法と環境

　「作業者によるヒューマンエラーが混入しないような環境になっているか」「作業方法となっているか」が関係する．

　④ 作業負担を軽減する作業デザイン

　「作業者への負荷・負担の軽減が図られているか」「視覚負荷・判別負荷・過大な運動負荷がないか」「身体的および精神的な快適性を確保しているか」と関係する．

　⑤ 不要な工数の削減

　「作業工数が妥当であるか」「無理・無駄を排除した工数となっているか」「不要な工数が設定されていないか」がかかわる．

　次に生産管理との関係について見てみよう．生産計画どおりに進めるためには，生産計画そのものに作業者の保有能力の状況を反映させる必要がある．また，作業者が（能力要件が揃わない，繁忙度が高いなどで）その業務に従事でき

る状態でない場合には，作業開始までに必要な要件を満たすように準備する．そして，作業の進捗管理をする際には，「どこの誰に応援を依頼すべきか」を検討する．これらはいずれも作業者の能力把握が適切にできていないとうまくいかない．生産管理と能力管理は車の両輪のように回転してうまくいくものといえよう．

　人事管理とはどのような関係になっているのだろうか．能力管理は人事管理と多くの接点をもっている．例えば，次のような場合に関係している．

❶　キャリアプランと能力管理との整合性をとること

❷　キャリアプランの作成，修正，確認を行うこと

❸　職能等級表に能力評価を反映させること

❹　組織の「あるべき人材像」への接近の仕方と評価方法の妥当性を確保すること

❺　人事上の処遇に際して能力評価からの整合性をとること

　人事制度は組織によって異なるが，共通していえることは組織の構成者について妥当な評価にもとづく処遇をすることである．また，組織の目的と人的構成や体制が，時期に合わせて機能するように構成することである．最近は年功序列型人事のようにその業務に携わった期間を反映させる方法は少なくなった．これに対して能力評価をもとにした人事方式が多く採用されている．特に「組織のなかでどのように仕事に従事し，職業能力を開発し，組織構成者として貢献できるか」を描いた一人ひとりのキャリアプランが重要になってきている．キャリアプランは個人の職業生涯を充実させるためのツールでもある．このキャリアプランと能力管理で行われる内容に整合性をとることが大切である．同時に，キャリアプランの作成，修正，確認は能力管理と連動している必要がある．

　能力評価と人事管理とを結びつける方法として職能等級表が用いられている．職能等級表は例えば「技能系」「技術系」「事務系」「管理系」などに分けて，1〜25級まで設定することがある．これには評価基準が設定されている．評価は能力以外にもいくつか設定されている．この能力評価と能力管理は密接に関連しているので，評価を管理に反映させることが求められる．しかし，人事制度は処遇に直接反映されるため，正確な能力評価を行うことが難し

くなる．なぜなら，個人の意向・要求と能力の実態とに乖離が生じるからである．本人が処遇を良くしたいと願うとき，能力の実際とは異なっても高い評価を得ようとするだろう．かといって第三者評価に依存すると，本人の能力評価に関する情報は少なくなる．上司の評価は必ずしも本人の能力を十分に把握しているとは限らないからである．本来は能力管理と人事管理とは分離して考えることがよい．例えば，緩衝的な機能をもった専門機関もしくは委員会設置によって運用する方法がある．

　また，組織の「あるべき人材像」への接近の仕方と評価方法の妥当性を確保することが求められる．「どのようにして「あるべき人材像」に近づいていくか」には多様な選択肢があり，画一的には設定できない．「その場面に応じた評価方法が妥当かどうか」も問われる．この部分については，能力管理とリンクして妥当なものとすべきである．この他，人事上の処遇に際して能力評価との整合性をとることがいつの時点でも求められる．これらを意図的に一つの仕組みとして確立すべきと考えたい．

　労務管理と能力管理の関係は比較的少ないが，能力管理のバックグラウンドを構成している．採用・配置，健康管理や福利厚生の分野は職業生涯を創り上げるうえでの大きな支えとなる．能力開発をこの分野に位置づける考え方もあるが，本書では一貫して能力管理と同列で扱うことにしたい．

　能力管理が実現しようとする内容は次のような4点を挙げることができる．

　　1)　組織理念にもとづく行動と社会貢献

　　2)　組織の目的達成，成果の獲得

　　3)　人的資源の質の向上，経営資源の活用

　　4)　次期目標設定とロードマップ作成・企画

　第一は，人材の一人ひとりが組織人として行動することで組織の描く理念を実現し，これによって社会貢献をすることだ．第二は，能力管理の直接的な目的として重視することだ．第三は，組織がもつ人的資源を質的に向上させ，また，その他の経営資源の活用と連携することだ．第4は組織の発展のために，次期の目標を設定し，また，そのためのロードマップを作成し，企画することである．図表2-3にこれらを示した．

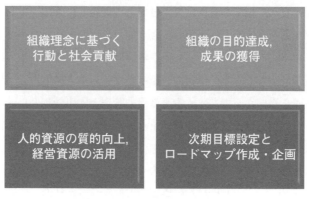

図表 2-3　能力管理が求めるもの

2-3　職場の課題解決への能力管理アプローチ

　本節では，「さまざまに発生する職場の課題に対してどのように能力管理の視点から立ち向かうべきか」について考える．

　図表 2-4 は，課題解決に能力管理アプローチを適用したプロセスである．まず，弱みを補塡する教育を企画することから始める．弱みとなっている能力項目について指導の優先順位をつける．「どれから始めてどこまで行うか」「そのレベルはどの程度か」を企画する．ここでは指導者を決定し，用意する資材や教材なども検討する．

　次に暗黙知の明確化作業に入る．能力項目によっては多く含まれている暗黙知を文書化する．場合によってはベテラン作業者にインタビューするとよい．

　これらの作業が完了したら，準備作業を行う．例えば，指導をどのように展開するかを示したコースアウトライン，教材群，評価の課題を作成する．指導方法には主に Off-JT，OJT，SJT の 3 つの方法がある．よく行われるのが Off-JT である．これは職場から離れて，教育指導を行う方法だ．OJT は現場で直接指導する方法である．SJT はマニュアルや作業指示書，作業標準書などを使って，自己学習を行い，指導者などに支援を受けるという学習方法である．指導の結果が出たら，成果（結果）を検証する．検証に際しては「実際の職場課題の関係する能力項目について，学習者が一定の目標に到達したかどうか」を明らかにする．これによって「指導の成果が得られたかどうか」が明らかにな

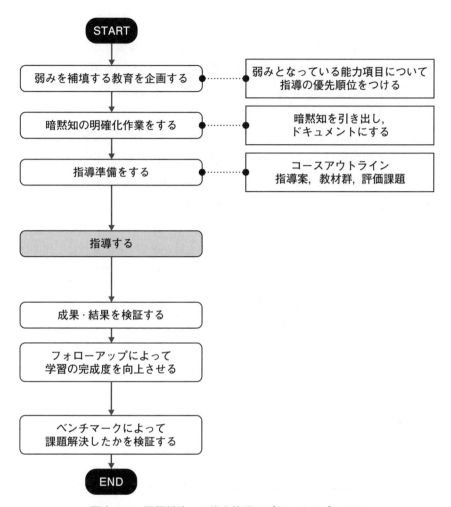

図表 2-4　課題解決への能力管理アプローチのプロセス

る．場合によっては，さらに完成度を上げることが必要となるので，フォローアップを行う．

　このようにして，最終的にはベンチマークによって，「課題が解決したかどうか」を検証する．

2-4　能力マップを用いた能力管理の方法

　能力という実態を捉えることが難しい内容を能力管理では扱う．この際に，

能力マップを使うと能力管理がやりやすくなる．能力マップは職場の一人ひと
りの能力の保有状況を示したもの（縦欄に能力項目を，横欄に作業者名を記載
して，表中にはその能力の保有状況を5段階評価で記載したもの．詳細につい
ては後述する）である．この能力マップを使用して能力管理を行うプロセスを
紹介しよう．図表2-5はこのプロセスを示している．

　能力マップでは，始めに組織の未来の姿を描く．「どのような組織にしたい
か」（求める組織像）を描くのである．部署ごとに書くこともよいだろう．次
に，この組織で働く人材像を描く．要点をまとめればよい．これにもとづいて
能力項目をリストにする．「どのようなことができなければならないか」「何を
知っていなければならないか」「どのような態度で行動すべきか」をリストア
ップしていく．この能力項目によって現在の人材を評価する．通常は上司評価
と本人評価を記載する．このようにして，能力マップを完成できる．

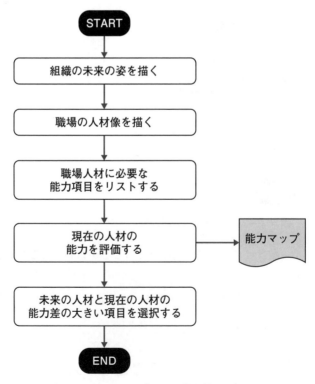

図表 2-5　能力マップによる能力管理プロセス

　この能力マップをよく見ると，傾向性が観察できる．例えば，ある能力項目が低く現れていたりする．複数の社員で評価得点が低い場合，その能力項目の平均値は低くなる．一方で，高い得点をもつ能力項目もある．前者は弱み，後者は強みと判断できる．特にその職場で重要な能力項目について弱みとなっている場合には能力開発・人材育成の実施について優先順位の高い能力項目と判断できる．このように［あるべき人材の能力保有状態－現在の人材の能力保有状況］が教育すべき内容となるのだ．

　図表2-4では「課題解決にとって何が急がれる教育か」という視点から人材育成を考えてきたが，図表2-5では「あるべき姿と現在の姿との格差をどのように埋めていくか」が人材育成のテーマとなる．一般的に，これらのことは感覚的に把握されており，情緒的に人材育成に反映されてきたものばかりである．原理的にはごく当然の事柄だが，実際には実施していることは少ない．

2-5　能力管理と連携した能力開発が実現する世界

　能力管理と能力開発の違いについて検討してみよう．図表2-6はこの2つの関係を示している．

・能力開発は教育である．
・能力開発はマネジメントではない．
・今の状況のもとでよりよい状態を目指して能力向上を図る．
・よりよい状況に変化させることを目的としている．
・能力開発の目的は，個人の充実と仕事への反映である．

能力開発と能力管理は相互に緊密な連携をもつことで最大機能を発揮できる

能力管理　　　　能力開発

・能力管理は教育ではない．
・能力管理はマネジメントである．
・与えられた状況で最大の効果をもたらす方法である．
・目標に達成するように変化させることを目指している．
・能力管理の目的は，組織の目標を達成することである．

図表2-6　能力管理と能力開発の関係

能力管理から見てみよう．まず，能力管理は教育ではない．能力管理はあくまでもマネジメントである．組織としての人材の能力を一定の水準に到達できるようにコントロールするのである．マネジメントは，与えられた状況で最大の効果をもたらすことが目的だ．ここでは，組織が求めている目標に到達するように人材を変化させることである．このように能力管理の目的の中心には組織の目標を達成がある．

これに対して，能力開発は教育である．人材の能力を向上させて一定の水準に高めるように目標を設定し，カリキュラムを組んで，指導者が指導する．このように能力開発はマネジメントではなく，教育の実践である．能力開発は今の状況のもとでよりよい状態を目指して能力向上を図る．つまり，よりよい状況に変化させることを目的としている活動である．能力開発の目的は個人の充実と仕事への反映が主眼となっているのである．

このように，能力開発と能力管理は相互に緊密な連携をもつことで最大の機能を発揮できる関係にある．これまではこのことが未分化に扱われてきた．これらを図表2-6にように分けて考えることで，より高い効果・成果を導き出すことができる．

2-6　能力管理導入のメリット

能力開発・人材育成に能力管理を導入することで多くのメリットを得ることができる．

第一は，「人材育成・能力開発・能力管理が組織や職場にとって何をもたらすか」が中心テーマになることだ．能力開発は個人がテーマになっているものの，職場が期待する組織へのメリットにも対応している．そのため，これまで能力開発という言葉では見えなかった内容が明瞭に位置づくことになる．実は企業で求めている人材育成・能力開発は，個人の充実と組織の現場力を同時に向上させることにあったのである．

第二は，目標値の設定と評価がしっかりとエビデンスにもとづいて行われるようになることである．これは成果・結果を検証する際に効果を発揮する．「能力開発はやっても，効果が上がるなどは証明できない」と諦めてしまうことがよくある．確かに能力開発には見えないことが多いが，能力管理は違う．

能力管理はエビデンスにもとづいて行うことを大切にするからである．

　第三は，能力管理という区分けをすることで，最適の方法論を構築できることだ．「組織によって何を求めているか」が違うので，これに合わせたツールを開発し，より納得のいく能力管理を実践できる．

　このように，能力管理という概念を導入することで，人材育成・能力開発だけではできなかった新しい世界を拓くことができる．

2-7　能力管理のあるべき姿の描き方

　能力管理のあるべき姿(基本コンセプト)については，「何にとってのあるべき姿なのか」が問われる．生産性に注目するのと，職場の活性化に注目するのとでは，あるべき姿の内容が異なる．また，経営という視点であるべき姿を描くと，例えば「低いコストと高い品質の両立」がテーマとして挙がる．このように「何に注目すべきか」は，通常，企業理念，経営理念，経営戦略によって違うが，これらと矛盾なく描かれる必要がある．企業文化，価値，伝統，歴史などによってもやり方が違うことだろう．また，直面している課題や問題点も重要な視点になる．この視点は能力管理の理想像に大きな影響を与える．モデルとすべき企業がある場合には当面のターゲットとしてモデル企業を挙げることはあるが，徐々にそれに近づくにつれて，モデル企業から離反することを目指すようになる．つまり，自らがモデルとなるべき必要性が生まれてくるのである．

　あるべき姿が確立したら，それを実現する諸要素の書き上げに移る．経営資源をまず最初に検討すべきである．特に，人的資源は最も重要であるが，企業の保有する知的財産・資産，システム，ネットワークもその対象となる．

　人材(人的資源)については特に現在保有している状況を考える前にあるべき要件を書き上げることが重要である．つまり，「人材がどのようになればこの基本コンセプトが実現できるか」を考えるのだ．このとき，必ずしも能力ばかり挙げなくてもよい．行動スタイルや思考様式，行動のパターン，特性なども考える．また，集団あるいはチームとしての人材の姿も大切である．

　次に書き上げる期間については，中長期のプランであれば3年，短期であれば1～2年も考えるとよい．期間を設ける意味は具体的な職場での活躍を前提

にしているからである．

　書き上げる際の留意点については，まず，具体的に書くことが重要である．集中的あるいはスポット的でなく，幅広く網羅的に漏れなく，簡潔明快に書く．短文がよい．能力については克明に書く．ただし，教育可能なものに限定する．いくら良い能力でも教育が不可能なら，その対象にはなり得ないからである．

　能力項目については，「知識」「技能」「態度」という3つの視点で書き上げる．また，評価尺度としての機能をこれらにもたせる必要があるので，文章にも工夫が必要になる．書き上げた能力項目には信頼性，妥当性，実用性を備えなければならない．そして，機能を検証することで使える能力項目に仕上げることが大切である．これらについては第4章で詳述する．

第3章
能力マップによる能力管理の方法

　本書では，能力管理の方法を2つに分けて紹介している．

　1つは本章で解説する，職場で求められる能力の明確化と作業者の能力把握
による方法である．2つは**第4章**で解説する，作業指導による能力管理の方法
である．これらを通じて「どのように進めれば，効果的な能力管理ができる
か」を網羅できる．実践的な内容が中心になるので，内容に合わせて**第1章**，
第2章も参照しながら読み進めることをお勧めする．

3-1　能力管理の方法の全体像

　研究開発・製造現場における効果的な能力管理の進め方の実際を検討した
い．本章では職場ごとの技術・技能の所在の確認から指導計画作成，指導の方
法までを扱う．

　図表3-1は能力管理の進め方の概要である．この図には組織を作るプロセス
を入れていない．通常は企画の前に組織を作るが，その時期は企業によって異
なる．能力管理の進め方は以下のように，4つの段階に分けることができる．

　第1段階は，技術・技能教育の企画である．具体的には経営戦略の明確化や
組織が保有する技術・技能に関する能力の現状評価，指導内容の絞り込みを行
う．能力管理のベースは組織理念にある．「組織が何を実現しようとするか」
の明確な根拠があればこそ，能力管理が成立する．能力管理は組織活動を支え
るものとしてあるからだ．そして，組織活動を展開するためには経営戦略を設
定する．これは当面の活動の方向を示す内容であり，この活動に沿って能力管
理が進められる．このためには技術・技能の現状評価が必要になる．「この活
動にはどのような人材が求められているか」を書き上げ，具体的な能力項目を
書き上げる．これらの項目の到達水準を明確にしたうえで，「目的とする人材

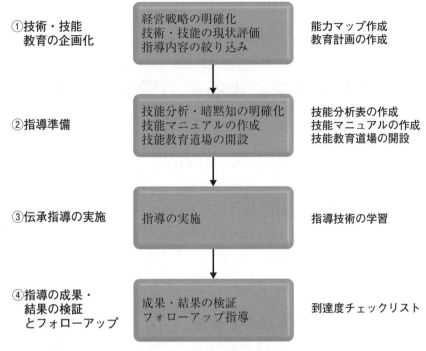

①技術・技能
　教育の企画化

経営戦略の明確化
技術・技能の現状評価
指導内容の絞り込み

能力マップ作成
教育計画の作成

②指導準備

技能分析・暗黙知の明確化
技能マニュアルの作成
技能教育道場の開設

技能分析表の作成
技能マニュアルの作成
技能教育道場の開設

③伝承指導の実施

指導の実施

指導技術の学習

④指導の成果・
　結果の検証
　とフォローアップ

成果・結果の検証
フォローアップ指導

到達度チェックリスト

図表 3-1　能力管理の全体像

にどれだけ近づいているか」を評価する．この結果が能力マップに表される．これは現状の社員の能力水準を表している．この能力マップからわかる不足部分を能力開発によって向上させるのである．このとき，さらに不足部分を具体化して，人材育成計画に落とし込む．ここでは，「誰が，誰に，いつまでに，どの能力項目について，到達水準はどこまで，何を使って，どのように指導するか」を書く．このようにして指導内容の絞り込みをする．

　第2段階は，指導準備である．主な内容は技能分析・暗黙知の明確化，技能マニュアルの作成，技能教育道場の開設である．指導準備は指導成果を確実なものにするための作業である．これが充実していると指導が効果的に進められる一方，貧弱な準備では相当の困難が予想される．何も準備しなくても指導はできるかもしれないが，それなりのレベルでしか実施できなくなる．効果的な能力管理の推進と指導準備は表裏一体の関係にある．ここで，準備とは，「あ

らかじめ伝えるべきことを整理し，カン・コツを文章化したり，体験できる課題を用意したりすること」を指している．具体的な準備の流れは，例えば「技能分析表の作成→暗黙知の明確化作業→技能マニュアルの作成→技能教育道場の開設」などのように進める．

　第3段階は，伝承指導の実施である．この実践があって初めて，優れた人材が育つ．指導の仕方は多種多様でもよいが，指導の原理・原則にもとづいている必要がある．技能教育道場で自学自習するのをサポートする方法で進める場合でも，原理・原則は外せない．このためには指導者には，あらかじめ指導者として必要な能力を養成する必要がある．

　第4段階は，指導の成果・結果の検証とフォローアップである．まず「成果があるか（目標とする作業者が育っているか）どうか」を判断する．ここで不足点があれば，適切にフォローして確実な習得に至るようにする．まずは必要能力項目ごとに評価して，さらに「実際の作業は一人でできるかどうか」を検証する．また，作業の成果物や行動の安定性，作業者の安全行動なども確認する．

3-2　求める職業能力を書き上げる

　図表3-1のステップについて詳細に検討していこう．ここでは，求められる人材像と在籍する社員の能力マップによる能力把握が基礎となる．

（1）　現場の能力開発の現状

　各企業では研修や企業内教育などを意欲的に展開している．しかし，その方法は「相変わらず」という実態も見られ，学習者の期待に十分に応えられていない．例えば，集合教育の方法はパワーポイントだけとか，始めから終わりまで話だけとか，ワークショップで時間だけが過ぎるといった研修内容がそれである．また，現場で実施されているOJTにおいても，教育目標を設定して指導し，「目標に到達したかどうか」を評価すべきだが，このようにされていないことが多い．こうした問題が理解されていないために，現場では多くの損失を生み出している．例えば，意外なことだが，「OJTとはどのような教育スタイルか」さえ理解されていない．OJTは仕事をしながら教える方法だが，「教える」が欠落して仕事に終始するという話はよく聞く．

　今日，職業教育には優れた方法が確実に育っている．それを知り，活用すればよい．人材が確かに育つ能力開発を実施するためには，次の点が揃うことが大切である．

　　①　学習者に合わせた目標設定
　　②　学習目標に到達できる指導方法
　　③　学習者に合わせた教材
　　④　学習者に合わせたプログラム
　　⑤　学習内容を反映した的確な評価
　　⑥　学習環境・条件の整備

　ここで重要なことは職場人材の求められる姿と現状の把握にある．学習者の状況を把握して教育目標を設定し，目標を達成させるのである．指導方法は目標に合わせた最適な方法を選択する．

　次にプログラムを検討する．職場人材の現状に合わせて最適プログラムを作成することが大切だ．よくあることだが，人材の把握と最適プログラムの両方で失敗していることはよくある．図表3-2でこれについて考えてみよう．「社員の能力把握にもとづいて教育企画をしているか？」という問いに対して肯定するか否かで教育の内容と質が大きく異なる．これが結果として，成果や効果に影響を与える．ここでは，「その教育が学習者に合った教育となっているか」がポイントになる．

(2)　職場で求める能力の明確化

　能力開発で大切なことは，その職場で必要な能力を明らかにすることだ．「何を育てればよいのか」がわかっていないのでは能力開発は困難といってよい．しかし，職場で必要な能力項目を書き出すことは簡単なようで，実際には難しいことでもある．

　通常，仕事の流れや普段の作業場面を思い出しながら，会議形式で書き上げる方法が採用されている．いろいろな立場の人が，いろいろな考えのもとで発言した内容を整理する．よく行われる方法は演繹的に上位から下位へ仕分けていく方法である．例えば，「〜ができる」ためには先に「〇〇ができる」必要があり，そのためにはもっと先に「××ができる」必要がある……というよう

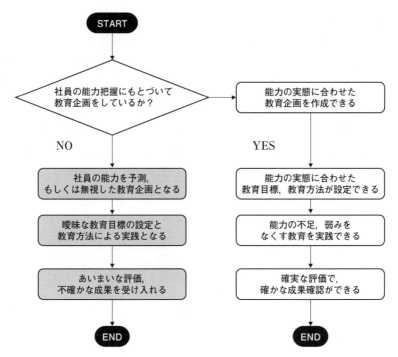

図表 3-2 能力把握による人材育成

に最終的な姿からそれを構成している細かな能力項目を書き上げる方法である.

　より精密に能力項目を書き出したい場合には,一人の作業者の仕事ぶりを追跡して観察し,「何が必要か」を洗い出すとよい.これは実態調査を伴うために時間のかかる方法ではある.そのため,簡便な方法として想定される作業工程を細分化して書くやり方があり,工程を列挙して終えてしまうこともある.これが一般に行われているスキルマップである.しかし,工程は必ずしも能力に一致していないことが多いため,一見能力を書き上げたようで,そうではないものになってしまう.さらに,こうしたスキルマップはいずれも書き出しに時間がかかり,実用性のある内容にはならないものが多い.

　そのため,簡便性と実効性を両立させた手法として,本書では a method of CUrriculum Development Based on vocational Ability Structure(職業能力の構造にもとづくカリキュラム開発手法:CUDBAS)を紹介したい(以下,クド

バス）．クドバスはカリキュラム開発の方法として各方面で活用されている．

　クドバスは職場で必要な能力をすばやく書き上げる手法だ．例えば，3時間程度の作業で職場の仕事と能力のマトリクスができる．その一例が**図表3-3**で，ビジネスホテルの受付業務担当者の仕事と能力のマトリクスを示している．

　図表3-3はクドバスチャートとよばれている．図の左欄は仕事を表し，図の右欄は能力項目を示している．例えば，仕事「チェックイン・チェックアウト業務をする」には「1-1」〜「1-10」までの10の能力項目が属していることを示す．このように，**図表3-3**では7つの仕事と67の能力項目が書き上げられている．能力項目のカードは重要度の順に左から右に並んでいる．「1-1」，「1-2」……のように末尾番号の少ないカードは重要度が高いことを示している．ここで，末尾番号の多い「1-10」は，10の能力項目のなかでは最も重要度の低い能力項目を示している．

(3)　能力リスト（クドバスチャート）作成のプロセス

　クドバスチャートの作成の流れを**図表3-4**に示した．

　対象の業務についてよく知っている人5〜6名が集まって作業すれば，作業時間を3時間程度にすることが可能だ．また，必要資材は名刺大のクドバスカード，模造紙，A4上質紙，A3上質紙，サインペン，パソコンがあれば実行できる．

　図表3-4は大きく4つの作業で構成されている．それは，「①準備」「②打合せとカード書き」「③カードの分類と並べ替え」「④模造紙貼り付けとExcelの入力」である．

　「①準備」とは，「参加者の日程を調整し，当日は場所と資材を用意すること」である．「②打合せとカード書き」では，明らかにしようとする人材のイメージを同じくするために打合せを行い，メンバーは能力項目をカードに書く（一人30枚記載する）．そして，「③カードの分類と並べ替え」では，書き上げた能力項目のカードを読み上げながら分類していく．並べ替えではまず能力の重要度の順に並べ替え，さらに仕事の重要度の順に並べ替える．最後に「④模造紙への貼り付けとExcelの入力」では，並べ替え終えたカードを模造紙に貼

仕事	能力 1	能力 2	能力 3	能力 4	能力 5	能力 6	能力 7	能力 8	能力 9	能力 10
1 チェックイン・チェックアウト業務をする	1-1 [A] チェックイン・チェックアウトの処理ができる	1-2 [A] コンピューターに宿泊客の受付・予約ができる	1-3 [A] 予約を受けることと引継ぎができる	1-4 [A] 職員間の引継ぎができる	1-5 [A] 鍵の受け渡し・管理ができる	1-6 [A] 会計事務を知っている	1-7 [A] キャッシュカードの支払いに対応できる	1-8 [A] 料金の徴収と管理ができる	1-9 [A] レジの取り扱いができる	1-10 [B] 英語が話せる
2 接客をする	2-1 [A] 笑顔で接客ができる	2-2 [B] 言葉遣いが適切にできる	2-3 [A] 正しい接客・マナーができる	2-4 [A] 身だしなみがちゃんとできる	2-5 [A] 団体客に対する応対ができる	2-6 [A] 電話応対ができる	2-7 [A] 伝言や電話の取次ができる	2-8 [A] 状況、場面に合わせたクレーム処理ができる	2-9 [B] ホテルの規則を守らないお客様に毅然とした態度がとれる	2-10 [B] お客様に合わせた会話ができる
	2-11 [B] どのようなお客様に対しても公平な態度がとれる	2-12 [B] 責任ある態度がとれる	2-13 [B] 常連のお客様に対しての気遣いができる	2-14 [C] お客様の顔を覚えることができる	2-15 [C] サービス精神とは何かを知っている	2-16 [C] 最新の新聞記事やニュースを知っている	2-17 [C] クレーム内容を報告書にまとめることができる	2-18 [C] 受験生のお客様への配慮ができる	2-19 [C] お客様の不安を取り除く配慮ができる	
3 ホテル館内の案内をする	3-1 [A] 客室内の設備を知っている	3-2 [A] ホテル内の施設設備を知っている	3-3 [A] 客室の種類を知っている	3-4 [A] 館内の各種サービスをご案内できる	3-5 [A] FAXやセンターネットなどのご案内ができる	3-6 [A] ホテル内のレストラン・売店などの営業時間・営業内容を知っている	3-7 [B] 自動販売機などのご案内ができる	3-8 [B] 館内の店舗のセールストークができる	3-9 [B] ホテル内の催事、会議について知っている	
4 各種サービスをする	4-1 [A] いろいろなお客さまのニーズに対応できる	4-2 [A] ホテルが提供できるサービスを知っている	4-3 [A] 手荷物の一時預かりができる	4-4 [A] ホテルへの道案内ができる	4-5 [B] 満室の場合、他のホテルをご案内できる	4-6 [C] タクシーの手配ができる	4-7 [C] 宅急便の取り扱いができる	4-8 [C] 為替レートを知っている	4-9 [C] お土産品の紹介ができる	4-10 [C] クリーニングの取り扱いができる
5 地域の情報を提供する	5-1 [A] 周辺のレストランなどを知っている	5-2 [A] ホテル周辺の地理を知っている	5-3 [A] ホテル周辺の交通機関の案内ができる	5-4 [A] ホテル周辺のイベントを知っている	5-5 [B] この地域の楽しみ方のガイドが出来る	5-6 [B] 観光名所の案内ができる				
6 非常時の対応をする	6-1 [A] 急病人の対応ができる	6-2 [A] 火事や災害時の対応ができる	6-3 [A] 不審者に気をつけ、犯罪の予防ができる	6-4 [B] 盗難等の対応ができる	6-5 [B] 設備が壊れたときの処置ができる	6-6 [B] 扱いずらいお客様に対応できる				
7 業務の改善をする	7-1 [A] ホテルの方針を知っている	7-2 [A] ホテル内の業務分担を知っている	7-3 [A] コスト意識をもっている	7-4 [A] 仕事のムリ、ムダをなくすことができる	7-5 [A] チームワークで仕事を進めることができる	7-6 [B] 得意先を知っている	7-7 [C] 就業規則を知っている			

図表3-3　ビジネスホテルの受付担当者の仕事と能力のマトリクス

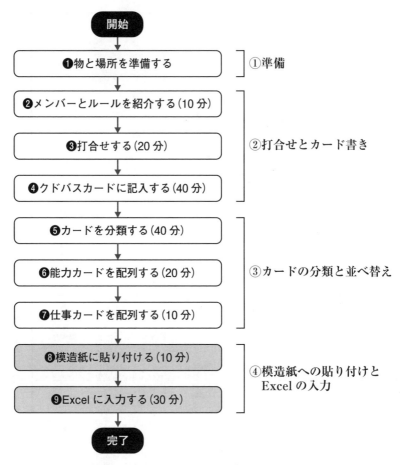

図表3-4　クドバスチャート作成のフローチャート

り付けて固定した後，パソコンで Excel ソフトウェアに入力する（写真3-1）.

　このようにして作成したクドバスチャートは後で述べる能力マップを作る作業の土台となる.

（4）　経営戦略などから求められる技術・技能のリストアップ

　教育はもともと未来に向けた活動なので，現状の問題の解決だけでは不足である．能力管理も現在に対応するばかりでなく，将来にわたって貢献する活動としたい．だから，「現在何が求められているか」は当然として，「これから何

写真 3-1 クドバスによる能力リスト作成作業

が求められるか」も反映させて能力管理を進めるのが通常だ．このとき，「短期的な活動とするか，中長期的な活動とするか」で内容が異なるので，各企業の状況や目的に合わせて設定すればよい．

　まず，企業の経営戦略をもとに人材のあり方および人材像について記載し，「組織がどのような状況の下にどのように行動するか，また，どのように生産を進めていくか」についてまとめる．能力管理を念頭においてこれらの経営戦略を読み解くのである．

　組織の中長期計画が策定されていれば，これは有力な情報となる．また，現在，生産にかかわる検討事項があれば，それらをまず考慮すべきである．そして，将来検討委員会のレポートや企業理念，基本方針などがあればそれらも反映させる．

　既存の資料ばかりでなく，組織の各部門での問題や課題などをヒアリングすることも有益な情報となる．例えば，次のような内容は経営戦略を企画する際にはぜひとも扱いたい．

① 組織の課題，解決すべき問題
② 組織の中長期計画
③ 当面の生産職場に求められていること
④ 将来検討委員会の検討結果
⑤ 企業理念で求める人材像

(5)　職場ごとの指導計画の作成

　上記①〜⑤のデータを収集したら，組織内の各部署ごとに作業して，それぞれの人材に求められる能力リストを作成するのである．そして，作成から指導計画の立案まで一気に行う．そのプロセスは次の手順で進める．

　　① 技術・技能教育の目的を設定する．

　　② 職場で必要な能力リストを作成する．

　　③ 職場ごとの現状の能力マップを作成する．

　　④ 能力マップを分析して指導すべき能力項目を設定する．

　　⑤ 能力マップから指導者，学習者，到達すべき水準を決定する．

　　⑥ 指導計画書（期間，場所などを含む）を作成する．

　技術・技能教育の目的を設定する作業は，数人の関係者で原案を作成して，組織で合意を得て共有する．先に収集したデータをもとに納得のいく設定にしたい．次に職場で必要な能力リストを作成する．このときにクドバス手法を用いる．これは職場ごとに5〜6人で作業することになる．作業成果はクドバスチャートにまとめられる．

　クドバスチャートができたら，これを使って職場ごとの能力マップを作成する．評価期間は1週間程度を予定する．評価者を選定して，依頼し，回収する．自己評価と同時にデータを収集できれば，必要能力の理解につなげることができる．回収データによって能力マップを分析して指導すべき能力項目を設定する．期待水準は，初めから高く設定すると，やるべきことが多くなり，達成できるかどうかが不安定となるので，状況に合わせて設定したい．

　この能力マップから指導者，学習者の到達すべき水準を決定する．優れた保有水準の者を指導者とし，低い水準の者を学習者にする．なお，指導者には別途，指導者教育を実施しておくとよい．これをもとにして，指導計画書（期間や場所などを含む）を作成する．

(6)　求められる技術・技能リストの作成

　技術・技能教育の目的について，例えば以下のように決める．

　　① 各職場で今後5年程度で世代交代が予定されており対応したい．

　　② これまでの製造設備から新設備に切り替わるので，これまでの技術・

技能の上に新技術・技能を学習し，スムーズに移行したい．

③　現在の生産体制は変更せずに省力化し，作業者全員の能力向上を図りたい．

④　現場の多能工化を進め，工場の生産体制を柔軟にして，対応を強化したい．

このとき，技術・技能リストは以下のような考え方で作成するとよい．

図表3-5のように仕事もしくは作業をする人は，それに必要な諸能力を持ち，それを使って作業している．保有能力の種類は知識・技能・態度の3種類である．具体的に見てみよう．**図表3-6**はプリント基板の実装に必要な能力を表している．

図表3-6に書かれたような保有能力によって作業者は作業しており，どれが欠けてもうまくはいかない．このように能力を書き出すことのできる人は作業

仕事・作業に必要な能力があり，この保有によって遂行する．

図表3-5　仕事と能力の関係

能力はカードで書き出すことができる．

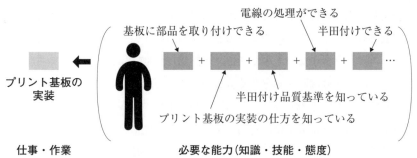

図表3-6　「プリント基板の実装」に必要な能力

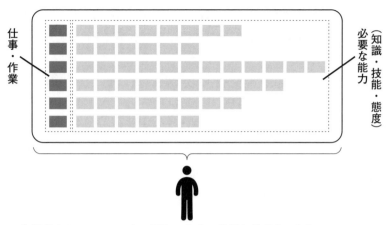

作業者はオペレータでない限り，多くの作業・仕事をこなしている．

図表3-7　ベテランの仕事と保有能力

をよく知っている人もしくはベテランである．一人の作業者はオペレータでない限り複数の仕事（通常，8〜15程度の仕事）をもっている．

　図表3-7はベテランの仕事と保有能力を示している．**図表3-7**のようにベテランは複数の仕事と数多くの能力を保有している．**図表3-7**は仕事と能力のマトリクスであり，これによって求める人材，つまり目標とする人材像が書き上げられたことになる．

　このクドバスチャートは上に行くほど重要度の高い仕事に並べ替えてある．また，能力項目も左側に重要度の高い項目が来るように並んでいる．つまり，「その仕事にとって最重要の能力項目が何か」を示しているので，「どの能力から優先して指導を実施すればよいか」の根拠データということができる．

　図表3-8に示すようにベテランのもつ諸能力は，いくつかが暗黙知で，いくつかは暗黙知を含まないものである．暗黙知は知識にはなく，態度や技能で見られる．**図表3-8**は暗黙知を多く含む能力項目の所在を示している．能力の一覧表が完成しているので，どこに暗黙知が含まれているかを判断してマークすればよい．暗黙知指導では，特別な準備と，課題の工夫などによって，その指導を効果的な方法によって計画し，実施することが必要だ．

ベテランの場合には，暗黙知を含む作業・仕事が存在する．しかし，すべてではない．

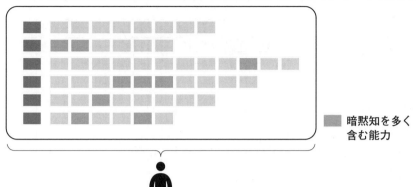

　　暗黙知を多く
　　含む能力

図表 3-8　暗黙知の所在

3-3　能力マップの作成と能力開発プログラム
（1）　能力マップとは何か

　能力マップは，一人ひとりの作業者が保有する能力水準を表したものである．これによって組織であれば，「組織全体がどのような能力保有者で構成されているか」が判明する．つまり，組織で保有している技術・技能の現状が明瞭になる．必要能力リストは組織の経営戦略を組み入れて作成されているので，これらの目標値に対する現在の位置が確認できる．

　図表 3-9 に能力マップの構成，図表 3-10 に能力マップの例を示した．能力マップとは「その仕事に必要な能力項目を縦軸に列記し，横軸に作業者の名前を列記して，表中には保有能力を記載したもの」である．表中の数字は次の水準を表している．態度についてもこれに準じている．

　　　5：優れてできる・知っている
　　　4：よくできる・知っている
　　　3：ひとり前にできる・普通に知っている
　　　2：支援があればできる・少しは知っている
　　　1：できない・知らない

　作業者の記載順序は左から能力水準の合計点の順序で記載する．図表 3-11

作業者の氏名と年齢を記載する　　　　　　　能力項目ごとの平均値

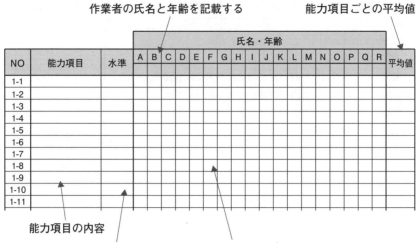

能力項目の内容

能力項目の重要度の水準　　作業者の保有する能力水準を5段階評価で記載する

図表3-9　能力マップの構成

NO	能力項目	水準	A 58	B 55	C 42	D 31	E 35	F 35	G 38	H 40	I 28	J 25	K 29	L 30	M 24	N 24	O 26	P 24	Q 22	R 30	平均値
1-1		A	5	4	5	4	4	4	5	3	4	3	4	3	3	3	3	3	1	1	3.44
1-2		A	5	4	5	4	4	4	3	4	3	3	3	3	2	3	3	1	1		3.28
1-3		A	4	4	4	4	4	3	3	3	3	3	3	2	2	2	1	3	1	1	2.78
1-4		A	4	4	4	4	4	3	4	3	3	3	2	3	2	3	3	1	1		3.06
1-5		A	5	4	5	4	4	4	3	3	3	4	2	3	2	1	3	1			3.11
1-6		A	4	3	3	3	3	3	4	2	3	2	3	2	2	2	2	1	1		2.50
1-7		A	4	3	3	3	3	3	4	2	3	2	3	2	2	2	3	2	1	1	2.56
1-8		A	4	3	4	4	4	4	4	3	2	3	3	2	3	3	2	1	1		2.94
1-9		A	4	4	4	5	4	4	4	2	4	3	4	3	3	3	3	1	1		3.22
1-10		A	5	5	5	4	4	5	4	3	4	4	3	3	3	3	5	1	1		3.67
1-11		A	4	4	4	4	5	3	4	3	3	3	2	2	3	2	1	1	1		2.94

色が濃いほど保有水準が高い　青色は弱み，赤色は強みを示す．

図表3-10　能力マップ（例）

にはホテルのフロント担当者の能力マップ例を示した．

　能力マップを作成することで多くのメリットがある．人材育成の方針を立てやすくなるばかりでなく，人材の配置・活用，プロジェクトチームの編成，現場力の向上を目指す取組みへの重要な情報として活用できる．職場ごとの強み・弱みが把握できることで、弱みを強みに変え，強みをさらに発揮させるこ

とが人材育成のテーマとなる．

　能力マップの基本は人材の現状把握にある．現状が正しく把握できれば，その処遇や活用，改善に多くの成果をもたらす．これまでの適用事例には次のようなものがある．

① 人材育成計画や，能力開発計画に活用

② 技能指導の重点項目検出に活用

③ 職員の能力評価や，技術・技能の棚卸に活用

④ 教育前と教育後の効果測定に利用

⑤ プロジェクトチームメンバー選出に活用

⑥ 生産力の未来予測シミュレーションで利用

⑦ 生産の問題・欠陥の克服を能力面から検討

（2）　能力マップによる能力開発プログラムの作成

　図表3-11について詳しく傾向を検討してみよう．図表3-11では，能力項目「1-1」～「2-15」の25項目がAさん～Mさんの13名について記載したものである．全体の傾向に着目すると，AさんからGさんまでは「3レベル」以上の項目が多いので，ここまでは問題なく仕事ができるといえる．しかし，HさんからMさんまでの6人は「2レベル」以下の項目が多くなっている．特

番号	重要度	能力	A	B	C	D	E	F	G	H	I	J	K	L	M	平均値
1-1	A	チェックイン・チェックアウトの処理ができる	4	4	4	3	3	3	3	2	2	2	1	1	1	2.54
1-2	A	コンピュータによる受付・予約業務ができる	5	4	4	3	3	2	2	2	2	1	1	1	1	2.38
1-3	A	予約を受けることができる	5	5	4	4	4	4	4	3	3	3	3	2	1	3.46
1-4	A	職員間の引き継ぎができる	5	5	4	4	4	3	3	2	2	3	2	1	1	2.77
1-5	A	鍵の受け渡し・管理ができる	5	5	4	4	4	3	3	3	3	2	1	1	1	3.00
1-6	A	会計事務を知っている	5	4	4	4	3	3	2	2	2	3	1	1	1	2.69
1-7	A	キャッシュカードの支払いに対応できる	5	5	4	4	4	3	3	2	2	3	2	1	1	2.85
1-8	A	料金の徴収と管理ができる	5	5	4	4	4	3	4	3	4	3	3	2	1	3.23
1-9	A	レジの取り扱いができる	5	5	4	4	4	3	4	3	3	3	3	2	1	3.23
1-10	B	英語が話せる	5	5	4	4	4	3	3	3	2	2	2	1	1	3.00
2-1	A	笑顔で挨拶ができる	5	4	4	4	3	3	3	2	2	2	2	1	1	2.69
2-3	A	正しい接客・マナーができる	5	5	4	4	4	3	3	2	2	2	1	1	1	2.92
2-5	A	団体客に対する応対ができる	5	4	3	3	2	2	2	2	1	1	1	1	1	2.15
2-6	A	電話応対ができる	5	5	4	4	4	3	3	2	2	2	1	1	1	3.00
2-7	A	伝言や電話の取次ぎができる	5	5	4	4	3	3	3	3	2	2	1	1	1	3.08
2-8	A	状況、場面に合わせたクレーム処理ができる	5	4	4	3	3	2	2	2	2	1	1	1	1	2.38
2-9	B	ホテルの規則を守らないお客様に毅然とした態度がとれる	5	4	5	4	4	4	3	3	3	3	3	1	1	3.38
2-10	B	お客様に合わせた会話ができる	5	4	4	4	4	4	3	3	2	1	1	1	1	2.85
2-11	B	どのようなお客様に対しても公平な態度がとれる	4	4	3	3	2	2	1	1	2	2	1	1	1	2.23
2-13	B	常連のお客様に対して心遣いができる	5	4	4	3	3	3	2	2	1	1	1	1	1	2.46
2-14	C	お客様の顔を覚えることができる	5	5	4	3	3	2	1	1	1	1	1	1	1	2.54
2-15	C	サービス精神とは何かを知っている	4	4	4	3	3	2	2	2	2	2	1	1	1	2.46
		平均得点	4.9	4.5	4.0	3.7	3.4	3.0	2.7	2.4	2.5	1.9	1.5	1.0	1.0	

図表3-11　能力マップ（ホテルフロントの例）

に，採用したばかりのK，L，Mさんはほとんどの項目で「1レベル」である．項目ごとの平均値を見ると「1-3」，「1-8」，「1-9」，「2-7」，「2-9」は「3レベル」を超えている．その一方で，「1-1」，「1-2」，「2-1」，「2-5」，「2-8」，「2-11」〜「2-15」は2.6レベル以下となっている．このように低いレベルの者を教育によって引き上げる必要がある．

　図表3-11を見やすくするために，Excelのソート機能を使って処理した能力マップを図表3-12に示した．平均値の低い能力項目から順に上から並べ替え，その次に個人得点の低い者から順に左から並べる．このようにすると指導の必要性の高い能力項目が上の方にまとまって示される．

　図表3-12をよく見ると，「(2-5A)団体客に対する応対ができる，(2-11B)どのようなお客様に対しても公平な態度がとれる，(1-2A)コンピュータによる受付・予約業務ができる，(2-8A)状況・場面に合わせたクレーム処理ができる，(2-13B)常連のお客様に対して心遣いができる，(2-15C)サービス精神とは何かを知っている」の能力項目はお客様対応に関する内容が該当していることがわかる．この能力マップは指導者と学習者を選定するためにも役立つ．例えば，5レベルの人材を指導者にして，1〜4レベルの人材を学習者にするとよい．

　「スキルマップ」と「能力マップ」の違いについて触れておこう．能力マッ

番号	重要度	能力	M	L	K	J	H	I	G	F	E	D	C	B	A	平均値
2-5	A	団体客に対する応対ができる	1	1	1	1	1	2	2	2	2	3	3	4	5	2.15
2-11	B	どのようなお客様に対しても公平な態度がとれる	1	1	1	1	2	3	1	3	2	3	3	4	4	2.23
1-2	A	コンピュータによる受付・予約業務ができる	1	1	1	1	2	2	2	2	3	3	4	4	5	2.38
2-8	A	状況、場面に合わせたクレーム処理ができる	1	1	1	2	1	2	2	2	3	3	4	4	5	2.38
2-13	B	常連のお客様に対して心遣いができる	1	1	1	1	2	2	2	3	3	3	4	4	5	2.46
2-15	C	サービス精神とは何かを知っている	1	1	1	2	2	2	2	3	3	3	4	4	5	2.46
1-1	A	チェックイン・チェックアウトの処理ができる	1	1	1	1	2	2	3	3	3	3	4	4	5	2.54
2-14	C	お客様の顔を覚えることができる	1	1	1	1	2	2	3	3	3	4	4	4	5	2.54
1-6	A	会計事務を知っている	1	1	1	2	2	3	2	3	3	4	4	4	5	2.69
2-1	A	笑顔で挨拶ができる	1	1	2	1	2	3	3	3	3	4	4	4	5	2.69
1-4	A	職員間の引継ぎができる	1	1	1	2	2	3	2	3	3	4	4	5	5	2.77
1-7	A	キャッシュカードの支払いに対応できる	1	1	1	2	2	3	3	4	4	4	4	5	5	2.85
2-10	B	お客様に合わせた会話ができる	1	1	1	3	3	3	3	4	4	4	4	5	5	2.85
2-3	A	正しい接客・マナーができる	1	1	1	2	3	2	3	4	4	4	4	5	5	2.92
1-5	A	鍵の受け渡し・管理ができる	1	1	1	2	2	3	3	3	4	4	4	5	5	3.00
1-10	B	英語が話せる	1	1	2	2	3	3	3	4	4	4	4	5	5	3.00
2-6	A	電話応対ができる	1	1	1	2	3	3	3	4	4	4	4	5	5	3.00
2-7	A	伝言や電話の取次ぎができる	1	1	2	2	3	3	3	4	4	4	4	5	5	3.08
1-8	A	料金の徴収と管理ができる	1	1	2	3	3	4	4	4	4	4	4	5	5	3.23
1-9	A	レジの取り扱いができる	1	1	2	3	3	4	4	4	4	4	4	5	5	3.23
2-9	B	ホテルの規則を守らないお客様に毅然とした態度がとれる	1	3	3	3	4	4	4	4	4	4	5	4	5	3.38
1-3	A	予約を受けることができる	1	2	3	3	3	4	4	4	4	4	4	5	5	3.46
		平均得点	1.0	1.0	1.5	1.9	2.4	2.5	2.7	3.0	3.4	3.7	4.0	4.5	4.9	

図表3-12　ソート処理をした能力マップ

プはスキルマップとは全く違う内容といってよい。スキルマップでは工程もしくは作業名が縦に並んでいる。また、クドバスは作業を実行するのに必要な能力を明らかにしている。だから、能力項目は教育目標として明確に示すことができる。「その作業にはどのような知識・技能・態度が必要か」が記載されているのですぐに教育活動に入ることができる。これに対してスキルマップは教育目標を示していないため、教育には工夫が必要となる。

次の例は実際に行われたものである。ある企業では技術・技能教育によって、多能工化を図ろうとしていた。しかし、よい方法が見当たらなかったので全社員の能力マップを作成した。

当面、2つの分野を統合して多能工化を図ろうとしていたので、能力マップは統合後の能力項目について作成した。**図表3-13**の上図は教育前の能力マップである。太枠内の保有能力を指導したところ、中央図になった。1～3レベルだった技能を4～5レベルへと向上させたことがわかる。「教育後－教育前」の得点は下図になった。このようにして、多能工化に向けて他の項目についても指導活動を続けている。

（3） 能力開発におけるテーマ設定の仕方

能力マップから能力開発のテーマ設定を行うことができる。これにはいくつかの考え方があるが、次の決め方もよいだろう。

① 多くの作業者に共通して得点の低い項目→（ボトムアップ型）
② 重要度が高い項目で低い得点の内容→（スポット強化型）
③ 世代交代の時期が接近している内容→（世代交代型）
④ 世代交代で5レベルが不在となる内容→（スペシャリスト養成型）
⑤ 2レベル以下が多い内容→（ボトムアップ・生産性向上型）
⑥ 多能工を目指して共有能力を拡大させる。→（多能工養成型）

テーマは、能力開発の活動目的に合わせて設定する。能力項目の内容が確定したら、実際の現場で「その技術・技能が指導の対象としてふさわしいかどうか」を審議する。簡単に指導が完了してしまうものや作業方法の工夫で技能習得の期間が容易になるものは早めに処置することとしてテーマとはしない。同様にして、測定器や新型の工作機械の導入で解決できるものも、能力開発とし

教育前

番号	重要度	能力	A	B	C	D	E	F	G	H	I	J	K	平均値
1-1	A		5	4	5	4	4	3	3	3	1	3	2	3.36
1-2	A		5	5	4	4	3	3	3	2	1	2	1	3.00
1-3	A		5	5	5	4	4	4	4	4	3	3	2	3.91
1-4	A		5	4	5	5	4	4	3	3	2	2	2	3.55
1-5	A		5	5	5	5	4	4	4	4	3	3	3	4.00
1-6	A		1	2	3	2	2	2	3	4	5	4	4	2.91
1-7	A		2	3	2	3	4	3	4	4	4	4	5	3.45
1-8	A		3	2	2	2	4	3	4	4	5	5	4	3.45
1-9	A		1	2	1	2	4	4	4	4	5	5	5	3.36
1-10	B		5	5	5	5	4	3	2	2	2	2	1	3.18
2-1	A		4	5	4	4	5	4	3	1	2	2	1	3.18
2-3	A		5	5	5	5	4	3	4	2	2	1	1	3.36
2-5	A		5	4	4	5	3	3	2	2	2	1	1	2.91

教育後

番号	重要度	能力	A	B	C	D	E	F	G	H	I	J	K	平均値
1-1	A		5	4	5	4	4	3	3	3	1	3	2	3.36
1-2	A		5	5	4	4	3	3	3	2	1	2	1	3.00
1-3	A		5	5	5	4	4	4	4	4	3	3	2	3.91
1-4	A		5	4	5	5	4	4	3	3	2	2	2	3.55
1-5	A		5	5	5	5	4	4	4	4	3	3	3	4.00
1-6	A		5	5	4	3	3	3	3	4	5	4	4	3.91
1-7	A		5	4	5	4	4	3	4	4	4	4	5	4.18
1-8	A		5	5	4	4	4	3	4	4	5	5	4	4.27
1-9	A		4	5	4	4	4	4	4	4	5	5	5	4.36
1-10	B		5	5	5	5	4	3	2	2	2	2	1	3.18
2-1	A		4	5	4	4	5	4	3	1	2	2	1	3.18
2-3	A		5	5	5	5	4	3	4	2	2	1	1	3.36
2-5	A		5	4	4	5	3	3	2	2	2	1	1	2.91

教育後—教育前

番号	重要度	能力	A	B	C	D	E	F	G	H	I	J	K
1-1	A												
1-2	A												
1-3	A												
1-4	A												
1-5	A												
1-6	A		4	3	1	1	1	1					
1-7	A		3	1	3	1							
1-8	A		2	3	2	2							
1-9	A		3	3	3	2							
1-10	B												
2-1	A												
2-3	A												
2-5	A												

図表3-13　能力マップを用いた多能工化の指導活動(例)

ては過大な負担となるので条件が整えば避けたい．これに対して，生産にとって重要度が高く，指導の困難度の高いものを対象にする．また，経営戦略の観点から重要性の高い内容を選択する．実際に展開しようとすると膨大な負荷と多額の経費，長期間の取組みの必要性が予想される場合にはステップに区切って行う．技術・技能教育の継続・発展のためには初年度は比較的容易な内容を手がけ，徐々にレベルを上げていくことを勧めたい．

（4）　教育計画を作成する

　具体的に教育計画を作成してみよう．**図表 3-14** に能力マップ，**図表 3-15** に
教育計画を示した．

　図表 3-14 の能力マップを見ると，A さんと B さんは技術・技能が優れてい
るが，年齢が高く，あとわずかの期間でリタイアする予定である．原則として
はこの方たちのもつ技術・技能を指導する方針で臨む．一方，G さん，J さ
ん，K さんは保有水準は低いので今回の後継者候補から外すことにした．そ
こで保有状況に合わせて，C，D，E，I さんを後継者として指導することにし
た．「1-1」については A さんが指導者，学習者を C さん，I さんとした．2 人
はともに 4 レベルであり，これを 5 レベルにしたい．年齢的にも 30 代と 40 代

				作業者										
番号	重要度	能力	氏名	A	B	C	D	E	F	G	H	I	J	K
			年齢	58	54	30	34	42	28	24	48	44	50	55
1-1	A			5	3	4	3	3	3	2	3	4	2	3
1-2	A			5	4	4	4	5	2	1	4	3	2	3
1-3	A			4	5	3	3	4	2	2	4	4	3	2
1-4	A			5	3	4	4	3	3	1	3	4	3	2
1-5	A			4	5	3	3	4	4	1	5	3	3	3

図表 3-14　能力マップから教育計画へ

技能項目	現有水準→到達水準	学習者	指導者	期間	場所	方法	教材他
1-1 A	4→5	C, I	A	2020/5-6	製造課第4室	SJT	学習指示書 技能マニュアル
1-2 A	4→5	C, E, H	A, B	2020/7	製造課第4室	SJT	学習指示書 技能マニュアル
1-3 A	4→5	E, H, I	B	2020/8	製造課第1室	OJT	作業標準書，デジタルカメラ，プリンタ，定期報告書用紙
1-4 A	4→5	C, D, E, I	A	2020/9	製造課第4室	SJT	学習指示書 技能マニュアル
1-5 A	4→5	C, E	B, H	2020/11	製造課第3室	SJT	学習指示書 技能マニュアル

図表 3-15　教育計画（例）

社員	能力項目	指導者	場所	4	5	6	7	8	9	10	11	12	1	2	3
C	1-1 A	A	製造課第4室		←→	←→									
	1-2 A	A	製造課第4室				↔								
	1-4 A	A							↔						
	1-5 A	B H	製造課第3室								↔				
D	1-4 A	A	製造課第4室						↔						
	1-7 C	A	会議室							←→					
E	1-2 A	B	製造課第4室				↔								
	1-3 A	B	製造課第1室					↔							
	1-4 A	A	製造課第4室						↔						
	1-5 A	B H	製造課第3室								↔				
	1-8 A	B	製造課第1室											↔	

図表 3-16　年間教育計画表（例）

でしばらくは在職できる．このようにして指導計画に記載する．期間は2カ月程度，場所は製造課第4室を使う．

　教育方法はSJT（Self Job Training：自己開発）を用いる．この方法は技術・技能マニュアルによって，自学自習する方式だ．重要なポイントは指導者によって指導を受ける．教育方法はOJTやSJTも併用する．教材他の欄については学習指示書と技能マニュアルと書き入れている．この他にはOff-JTがある．他の能力項目についても同様に判断して記入した．

　図表3-16は年間教育計画表である．これまでの内容を日程計画として整理しておき，進捗管理に使用する．能力マップを使って，現在の状況に合わせた効果的な教育計画を作成することは，効率的な活動の推進にとって欠かすことができない．能力マップがない場合でも，クドバスチャートを使って計画を立てることも可能である．

　図表3-17に，暗黙知学習がある場合の年間教育計画表を示している．クドバスチャートのなかから1つの仕事の能力項目すべてを教育したい場合には図表3-17のようにスケジューリングする．作成のキーポイントは「わかりやすく，指導しやすいこと」だ．そのためには基礎から応用へ，易しいものから難しいものへ，単純から複雑へ，既得知識と関連づけて行う．

　よく起こる間違いは，学術書の目次のとおり進めるやり方だ．この場合，学習が困難になることが多いので注意したい．また，暗黙知はスケジュールの後半に配置するとよい．暗黙知学習には熟成期間の時間をとることも考えるべきだ．また，実務的にいえば，暗黙知指導用の技能マニュアルの製作に時間を要

一つの作業ができるようにするために，必要能力を計画的に習得させる．

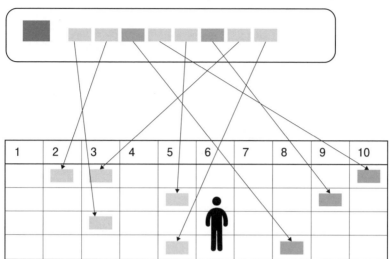

必要能力の学習をスケジューリングする．

図表 3-17　年間教育計画表の作成イメージ

するが，計画の後半であれば時期的に都合がよい．

　暗黙知の学習には熟成期間が必要になる場合が多い．そのため，早めに学習すればその期間を長くとることができるが，調整のうえ，最適な時期を選択することが望ましい．暗黙知はいろいろな種類があるが，運動動作よりも頭で考えたり，推理する技能の場合には暗黙知の前に学習すべきことが多くあり，時期が遅いほうが計画しやすい．

第4章
作業指導による能力管理の方法

　本章では作業指導による能力管理について実際の方法を紹介していくことにしよう．作業を確実に指導することは簡単なようで難しい．レベルの高いスキルや暗黙知を含む内容についても詳しく解説する．

4-1　能力管理のための作業手順書
（1）　作業指示と作業手順書

　作業指示の方法はいくつかのやり方があるが，組織によって方法は異なる．また，製品によっても違う．作業手順書が現場では最も詳しい作業の方法を記しているものである．しかし，この作業手順書の整備率は必ずしも高くない．また，整備されていたとしても，不備があり，役立つものとはなっていない場合もある．こうして「作業手順書の意義が薄れ，活用の機会がなくなり，ますます内容が現実と乖離して信頼できなくなる」というマイナスの循環に至ることがよくある．

　作業指示を的確に行えるようにするためには，まず作業手順書の質的向上を図る必要がある．作業手順書についての問題を以下に示した．

　　①　作業手順書の記載方法にバラツキがある．
　　②　作業手順書の様式が同じ工場でも異なる場合がある．
　　③　作業手順書の整備率が低い．
　　④　改訂作業が遅れがちになる．
　　⑤　作業手順書はあるが，活用されていない．
　　⑥　作業と作業手順書に相違があり，正しい方法が不明である．

　これらの問題を解決し，かつ，能力管理に役立つ作業手順書の作成を検討しよう．

（2）　教育用手順書の内容と構成

　一般に「作業手順書」とよばれているが，どのようなものだろうか．作業手順書を作成する目的は作業管理をするためである．作業者がその手順書に従って作業すれば一定の品質と安全が確保できるものである．つまり，作業手順書は現場における品質管理と安全管理を進めるキーステーションとして活用している．通常，作業手順書に書かれる内容は，①作業手順，②安全上の留意点，③基準などである．能力管理としての作業手順書は，これら①～③を土台にして発展させたものを採用し，あくまでも作業者の能力開発や指導育成のための作業手順書として十分な内容を目指したい．本書ではこれを「教育用手順書」とよぶことにしよう．

　よく現場では作業指導を行う際に管理用の「作業手順書」を使う．これは安全管理上の内容や，品質管理に必要な最小限の内容で構成され，作業にとって意味のあるものではあるが，教育には適していない．なぜなら，学習者の知りたいことが記載されていないからである．「教育用手順書」は作業指導を行うための手引書としての役割を担う．

　「教育用手順書」とは主に作業指導を目的として作成した手順書であり，現場教育の要となる．作業手順書ほど簡略なものではなく，技能分析表ほど詳細なものではない．教育に必要な必要最小限の内容をコンパクトにまとめたものが教育用手順書である．

　内容の詳細さで比べると，「作業手順書」が最も簡潔で，その次に「教育用手順書」が続き，この次にはさらにカン・コツを詳しく記載した「技能分析表」があり，最後に動画などが入り最も情報量が多くなった「技能マニュアル」がある．

　教育用手順書はいくつかの場面で使うことができる．次の3つの使い方はその典型だ．

　　① 　作業指導を行う前に予習させる．これをガイドにして作業観察させる．

　　② 　作業指導でテキストとして使用する．ポイントを押さえて示す．

　　③ 　作業指導後に復習させる．これによって日々，練習し向上に努める．

　一般に教材なしに指導が行われることが多いが，この教育用手順書をテキス

教育用手順書			
作業名：		作成日：	作成者：
道具・工具：			標準作業時間：
手順	具体的な行動の仕方 ・ポイント・注意点など	図解・基準・関連情報・詳細説明	

図表 4-1　教育用手順書の様式（抜粋）

トにするだけでも効果が期待できる．教育用手順書には以下の内容を記載すると学習に役立つ．

❶　作業名：作業内容を明瞭に表す名称

❷　標準作業時間：一人前の作業者が通常の早さで行うときの所要時間

❸　道具・工具・設備など：使用する道具，工具，設備の名称と数量

❹　具体的な行動の仕方：手順とポイント，注意すべき点，動作などの図解

❺　基準：判断基準としての数値，指標

❻　関連情報：作業に関連するデータ，寸法 JIS など

❼　詳細説明：特記すべき詳細な説明

　図表 4-1 に様式の冒頭部分を示した．上記の❹❺❻❼は手順ごとに記載するようにしている．手順とポイント，注意すべき点，動作などの図解，判断基準としての数値，指標，作業に関連するデータ，寸法 JIS など，特記すべき詳細な説明は作業指導する際にまとめておきたい事項であり，当然学習者にとっても重要な内容を構成している．

(3)　教育用手順書の書き方・使い方

　教育用手順書は次のように作成する．

　まず，作業の名称を記入する．「作業の名称として正しいかどうか」を検討したうえで記載する．これは公式名称よりも現場で普段使用している名称のほうが望ましい．次に道具や工具をすべて書き出す．この書き出しに省略が入らないように，十分に再点検することが必要だ．工具や治具などに名前がない場合には，名前をつける．名前のない道具，工具，治具はよくある．仮の名前でもよいので設定する．さらに，標準作業時間を決めて記載する．詳細に時間を計上する場合は，手順ごとに所要時間を書き入れ，合計して記載する．標準作業時間は「一人前の作業者が通常の条件で作業を完了できる時間」のことで，熟練者が急ぎの作業で行った時間とは異なる．

　次に手順を書き出す．これは作業が行われる順序で書く．ひととおり書き出したら，「漏れがないか」「正しい表現か」を検討して「手順」欄を修正して完成させる．このとき，手順の文章は簡潔明解にすることを重視する．例えば，「何を用いて，何を，どうする」と書く．書き上げた手順に漏れがなければ，手順ごとに「具体的なやり方」欄に実際の進め方を箇条書きに記載する．可能な限り克明に書く．この記載で重要なことは「どのように，どの程度」を示すことである．表現が難しいこともあるが，比喩を使用したり，数値表現にするとわかりやすい．例えば，「ハンマーでフルパワーで叩く」「指先で触れるか触れないかの程度で」「フルパワーの10分の1程度で叩く」「ハンマーの打撃角度は45度で」のように記載する．漏れなく，そのやり方のポイントを記載する．「どうすれば成功するか，安全か，やりやすいか」という観点で書き上げるとよい．一般に手順書によく使われていて，わかりづらい言葉に「セットする」「立ち上げる」「点検する」がある．これらは実際には「どのように行動するか」が示されていない．これらの言葉は曖昧用語であって，詳しく記載しないと行動は再現できない．できるだけ具体的な手続きを記載する．

　手順書の書き方のハイライトは，作業のポイントとその理由である．「なぜ，そうするか，その理由は何か」を書く．これは暗黙知に属するものもある．しかし，熟練者は日常的にリスクを回避する行動をしており，成功確率を高める手段を適用しているものだ．「なぜ成功確率が悪くなるか」を記載することでこの部分は明瞭になる．作業の成功確率を上げる方法には必ず理由があるので，それをここに記載する．言葉による表現が難しい場合には，イラスト

や写真を使えば説明しやすくなる．どうしても言語に頼っていると限界がある
ので柔軟に写真などで説明することが有用である．「関連情報」欄には，必要
な情報を記載する．図やイラストでも関連があれば，記載する．レイアウトや
装置やパネルなど，必要に応じて写真も入れておく．製品の拡大写真もよい．
判定する場合には判定基準を記載する．場合によっては良品と不良品の写真を
挿入する．記載の仕方を**図表4-2**に示した．また，**図表4-3**に教育用手順書の
様式を示した．この教育用手順書を作成する際に留意する点は次の点である．

　　①　正しいやり方，合理的な方法を記載する．
　　②　わかりやすい記述，数値表現を使う．
　　③　具体的で実践的な内容とする．

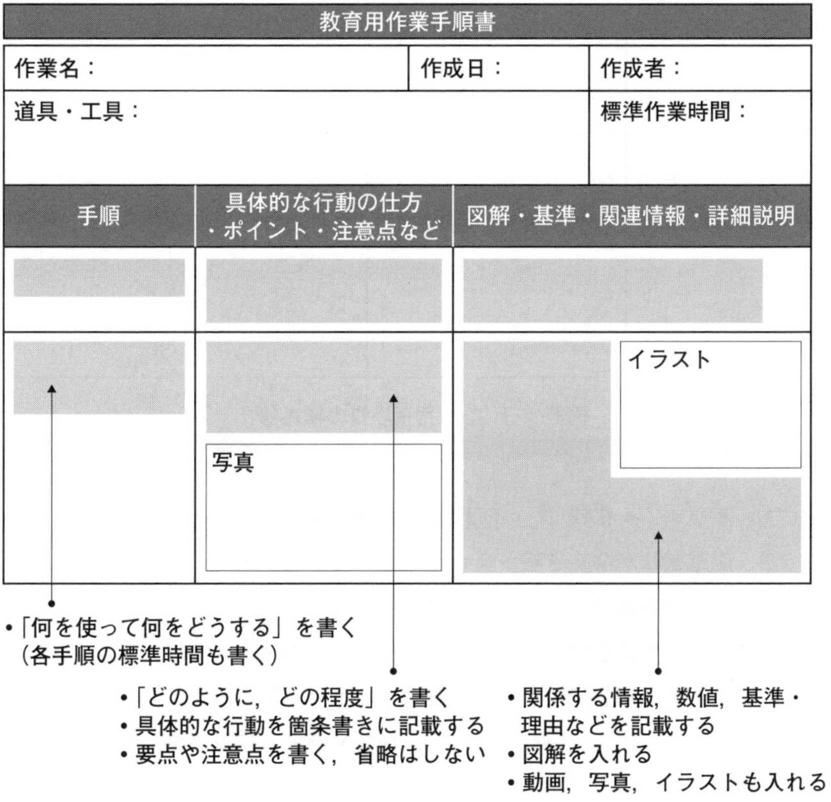

教育用作業手順書		
作業名：	作成日：	作成者：
道具・工具：		標準作業時間：
手順	具体的な行動の仕方・ポイント・注意点など	図解・基準・関連情報・詳細説明
	写真	イラスト

• 「何を使って何をどうする」を書く
　（各手順の標準時間も書く）

　　• 「どのように，どの程度」を書く　　• 関係する情報，数値，基準・
　　• 具体的な行動を箇条書きに記載する　　理由などを記載する
　　• 要点や注意点を書く，省略はしない　　• 図解を入れる
　　　　　　　　　　　　　　　　　　　　　• 動画，写真，イラストも入れる

図表4-2　教育用手順書の記載の仕方（例）

教育用手順書		
作業名：	作成日：	作成者：
道具・工具：		標準作業時間：
手順	具体的な行動の仕方・ポイント・注意点など	図解・基準・関連情報・詳細説明

図表 4-3　教育用手順書の様式（例）

④　ビジュアル化(写真・イラストの活用)を進める.

⑤　記載漏れがなく省略がない記述とする.

⑥　冗長な表現や不明瞭な内容は記載しない.

　特に⑤について留意する. 作業手順書は通常，ベテランが作成するが，ベテランはやり方を熟知しているので，省略することが多い. だから，省略部分を明瞭に記載できれば，よいものとなる. 後輩や学習者に説明するように記載するとよい.

　すでにある作業手順書を利用して，教育用手順書に改訂したい場合には上記

①〜⑤のほかに次のようにする.

❶ 明瞭な文章になっているか, 簡潔明快な表現とする.

❷ 「何を, どうする, 何によって, どの程度」を書く.

❸ 「教育用手順書を見るだけで作業が再現できるか」を検証する.

❹ 不明瞭な用語は使わない.

❺ 必要な基準値, 判断材料・判断項目, 判断基準を書く.

❻ 「どのような場合にどうするか」が, 書かれている(場合分けして記述する).

教育用手順書の作成者は, その作業の責任者, もしくは管理者, 熟練作業者が作成する. 本来はその作業に従事するものは, 誰でも記載できるようにしておくことが望ましい.

手順書などの標準書類は定期的に点検し, 実際の作業の変更に合わせて修正するのが原則である. その「教育用手順書」で作業して, あるいは指導してみて, 気づいた時点で修正をする. 修正した結果は管理者に報告し, 確認を依頼する.「教育用手順書」は現場に常備しておく. 人材育成委員会などのような組織もしくは部署ですべての教育用手順書を掌握し, 管理することが重要である.

教育用手順書の作成上の問題点として作成に時間がかかることが挙げられる. 作成そのものを本務として活動する作業者は少ないので, 日常的に誰でも作成できる環境を整備するとよい. また, 教育用手順書に不備があると信頼性がなくなり, 活用されなくなる. これは手順書の陳腐化や形骸化に拍車をかけるので, 結果的に手順書が存在価値のないものとなってしまうことがよくある. そのため, いったん作成された手順書についても定期的に点検し, 更新することが望ましい.

すでに測定方法や測定器が変わってしまっているにもかかわらず, 従来の手順書が改訂されていないのでは, 手順書を使用する意味がない. 作成された教育用手順書は常に他者によって検証する体制が必要である. 教育用手順書で大切なことは作業の再現性にある. つまり, その手順書を見て作業すれば, 一人前の作業者と同レベルの作業を再現できるようにしたい. 完璧に再現できなくても一人前にできることがあれば, 完成度は高いと判断される.

　このようにして教育に使用できるテキストとしての教育用手順書を作成し，完成度を上げることができれば，効果的な現場教育が可能になる．

4-2　技能分析で熟練を記録する
（1）　技能分析とは何か

　指導者は「指導する技術・技能の内容をよく知ること」が大切である．熟練者は仕事のために自ら学習した技術・技能であり，自分の仕事に活用することを目的に実践してきた結果，熟練に到達したのだ．ところが，技能マニュアルを作成する段階では立場が逆転する．指導者は「学習者はどう考えるか，どう見せればよくわかるか」という観点でマニュアルを作成しなければならない（写真4-1）．マニュアル作成に当たって，このことを指導者が理解していないと失敗する．よくあるケースではあるが，本人は自覚していないことが多い．「カンドコロは何か，ポイントは何か」を考えることが重要である．考えながら言葉にして明確にする．これをスムーズに行うツールが技能分析なのである．この技能分析の良否がマニュアルでは決め手になる．

　技能マニュアルを作るにはまず，技能をわかりやすく表現しなければならない．マニュアルを確かな良いものにするには，技能をわかりやすく表現することから始めることだ．これを表現したのが「技能分析表」である．これを見れば技能がわかりやすく理解でき，練習の指針となるものである．

写真 4-1　技能教育マニュアルで指導

（2）　技能分析手法

　作業分析は「作業を分析的に捉えて，内容を記述すること」である．その目的は多様だが，一般に「①作業の合理性の検討，②作業の改善，③安全の確保，④教育訓練，⑤作業負荷の軽減」などを目的としている．

　作業分析の内容は主に「❶作業手順」「❷所要時間」「❸具体的方法」「❹管理項目（基準・規則・安全など）」で構成している．作業分析に関連した方法には「行動分析」「作業分解」「動作分析」「技能分析手法 SAT」などがある．これらについて以下，簡単に紹介したい．

　　1）　行動分析[1]

　　　このアプローチは作業者の行動について，脳の働きを分析的に捉える方法である．やり方としては，行動をカードで記述していき，そのカードごとに行われる脳の働きに注目して分析する．例えば，運転行動を「要素行動（要素行動の連関）」「連続行動（それらの複合行動としての操縦行動）」「測定行動（操縦行動を展開する場（空間）に対する）」に分けて捉え，これらの組合せとして表した．

　　　この結果をもとに学習プログラムを作成した．これは，「行動は行動することを通じて，その行動の神経回路が形成される」という行動形成に対する基本的な考え方がある．

　　2）　作業分解[2]

　　　「作業分解票」とよぶシートに「ステップ」「手順」「急所」「急所の理由」で整理する．これは「ステップ→手順→急所→急所の理由」という手順で作成する．「急所」を書き上げるときのキーワードは，「成否」「安全」「やりやすく」である．また，「急所の理由」は，「なぜそうしなければならないか」「そうしないとどうなるか」を書く．

　　　「作業分解票」は，技能訓練に多くの影響を与えた．現場での適用がしやすく，多くの職場で導入されている．しかし，外部から見える内容や，

　1）　この詳細については，能力開発工学センターのウェブページ（http://jadec.or.jp/）を参照してほしい．
　2）　例えば，雇用問題研究会では「TWI 監督者訓練」の「JI—仕事の教え方」のなかで紹介している（http://www.koyoerc.or.jp/publication/twi.html）．

作業単位の小さな内容に限定されている．この手法は明瞭に「作業化」されている点が優れているといえよう．そのため，誰でも，これを用いて一定水準の結果を得ることができる．しかし，この方法はサイクルタイムの短い技能には有効だが，判断や思考のプロセスまで立ち入った内容には適用が難しい．

3)　動作分析

　　この方法はテイラー[3] の「科学的管理法」に典型を見ることができる．テイラーは，作業の標準化のために作業研究を行った．

　　「作業研究」は，「時間研究」と「動作研究」からなる．「時間研究」では生産工程における標準的な作業時間を設定し，これにもとづいて1日の課業を決定した．「動作研究」は作業に使う工具や手順などの標準化のために行われた．この動作分析はIE手法の一つとして行われるようになった．後にギルブレス[4] らによってザーブリック記号を用いて作業を克明に観察記録していく方法が開発され，後に多くの影響を与えている．これは，「歩行」「移動」「運搬」などのような作業者の動作を，ストップウォッチを使いメモ用紙に記録していくものである．動作研究は作業目的に照らして無駄な動作を排除し，最適な動作を追求することに貢献したが，一方で批判を受けることもあった．

4)　技能分析手法 SAT（Skill Analysis Method for Training）

　　技能分析は教育訓練を目的とした手法として筆者が開発した．現代の技術・技能に広く適用が可能である．そのため，サイクルタイムの長い作業についても，短い作業についても同様に作成できる．熟練者のもつ技能の構造にもとづいて分析項目が設定されている．技能習熟過程研究の成果を用いて技能を分析することが特徴である．この方法を活用すれば，SJT（自己開発）を用いて，学習指導を効果的に実施できる．

---

3)　経営学者フレデリック・テイラー(1856〜1915)のこと．
4)　フランク・ギルブレス(1868〜1924)のこと．

（3）　技能分析の原理と方法

　技能分析手法 SAT は，次の 6 つの内容をもっている．

　第 1 は，作業の全体を摑ませることである．学習者が作業の全体を知らないままに学習すると，その学習スピードは遅くなる．「最終的にどのようになればよいか」を示せば，学習者の目標設定ができるので，計画的に学習ができる．熟練者はこの全体像を確実に摑んでいるので，遅滞なく作業ができるからだ．具体的には作業目的，進め方の全貌，期待される成果などを明確に示すのである．さらに，その作業の意味や意義，標準作業時間などを明確に示すとよい．学習者に全体像を的確に摑んでもらうことは困難なこともあるが，これなしに行うことのデメリットは大きい．

　第 2 は，作業環境を示すことだ．道具や工具，材料，設備，環境を記載する．これによって，作業条件が変わっても対応できるようになる．また，「この分析表を読むにはどの程度の能力をあらかじめもっていなければならないか」を書いておく．つまり，作業者に求められる能力要件も示すことが重要である．

　第 3 は，「作業の時間的進行に伴ってどのように作業を進めるか」を書き上げることだ．工程に分けて記載するが，そのステップ分けは比較的大きな分け方で行う．その理由は，各ステップが小さすぎると覚えることが困難になるからである．各ステップが大きすぎてもその作業の意味がとれなくなる．適切な大きさを考えて分けるとよい．

　第 4 は，各ステップのポイントをわかりやすく示すことである．ベテランの行動を観察して記載するが，場合によっては科学的な説明や，数量化したデータ，判断ポイント，運動の表現なども書いていく．ここが最も工夫のいるところだ．

　第 5 は，作業を総括的にまとめ上げる記載とすることだ．この作業は「一言でいえば何か，本質は何か，ポイントは何か」をまとめて書く．ここでは，それぞれの段取りやその応用・活用についても触れていく．この部分は，この欄以外の記載が終わってから書くと書きやすい．

　第 6 は，学習者が自らの作業を評価できるように判断基準や評価ポイントを示すものだ．図面の仕様や，指定寸法，指定した機能など製品の質的評価が評

価項目となる．また，作業の仕方，安全行動，作業態度なども評価対象となる．

（4）　技能分析表の作成の仕方

　図表 4-4 に技能分析表の様式を示した．これには熟練者の保有している作業概念のすべてを記載できるように工夫してある．作業概念については次節で詳述する．

　図表 4-4 のような技能分析表を Excel で作成しておくと，技能マニュアルの作成の際に活用できる．手書きで記載するのもよいが，加除が簡単にできるという点で電子化は効果的・効率的といえる．

　技能分析表の構成とその詳細は，次のようになっている．

技能分析表

1. 作業の全体像

作業名			
作成者		作成年月日	
標準時間			
作業の概要と意義 （作業の全体像）			
特に難しい部分			
使用する工具・道具， 材料，環境，条件			

2. 工程別技能分析表

主な手順	具体的な行動の仕方	ポイント・判断基準

図表 4-4　技能分析表の様式（例）

＜1. 作業の全体像＞

「場(環境)の概念」「到達目標の概念」が記載される。以下のとおり，「作業名」「作成者」「標準時間」「作業の概要と意義」「特に難しい部分」「使用する工具・道具，材料，環境，条件」の欄から成り立っている。

① 作業名：作業の内容や方法を示す名称を記載する。特定の部分に限定したり，概括過ぎる名称は避ける。その名称によって内容と方法が特定できるような名称が望ましい。

② 作成者：その分析表の作成にかかわったメンバーの名前を記載する。

③ 標準時間：一人前の作業者が通常のスピードで作業した場合の所要時間を記載する。

④ 作業の概要と意義(作業の全体像)：❶作業の目的，❷作業の役割，❸意義・重要性，❹到達目標(仕上がり像，図面，機能など)を記載する。作業の目的や進め方の全貌や，期待される成果などを明確に示す欄である。場合によっては仕様・図面なども記載する。ここには製品の備えるべき要件や機能を示す。成果の良し悪しを判定する基準を示すと評価が可能になる。

⑤ 特に難しい部分：教育訓練上の困難な部分，学習するうえでの難しい部分は何かを記載する。箇条書きで明瞭に示す。また，なぜ難しいかをわかりやすく示すとよい。これらを先に示すことで学習の見通しが立てられる。

⑥ 使用する工具・道具，材料，環境，条件：以下の事項を記載する。
- この作業で使用するすべての資材を記載する。
- 環境と条件については望ましい環境的要素，例えば気温，振動，スペースなど，作業に影響を与える諸要素をリスト化しておく。
- 必要とする工具・道具，機械などの名称・型番・数量を示す。
- 材料は特に必要があれば条件を記載する。
- 施設・設備などを明記する。
- 学習者があらかじめ獲得する必要のある能力要件，事前に学習しておくべき事項を示す。また，既得知識・既学習技能を示す。さらに必要な身体機能・感覚機能を示す。

＜2.　工程別技能分析表＞

作業概念のうち「行為（運動）の概念」「手段と時間の概念」が記載される.

　① 主な手順

　この分け方は，作業の意味が把握できる程度とし，覚えやすくまとまりのある単位とする．文章は簡潔に「目的語＋述語」程度で書く．「何を何によってどうする」のように記載する.

　② 具体的な行動の仕方

　③ ポイント・判断基準

　簡潔明快に記載する．程度については数量化した表現や比喩で示すなどの工夫をすると理解しやすくなる．また，手がかりを探して記載する．必ず手がかりはある．ある条件でないと成功しない場合にはそれを明瞭に記載する．関連する写真も入れる．また，カン・コツの背景にある科学性を記載するとよい.

　「なぜそのようにするか」「よくある失敗とその理由は何か」「基準となるデータとその根拠」なども記載する．作業方法には必ず科学が含まれているのでそれを明らかにするデータを添える．道具や工具の特性なども実験データを示す．それがない場合には，自ら実験したデータを挿入する．例えば，ハンダゴテの先端部の温度と室温・気温との関係をグラフで示したことがある．科学といっても簡単な物理，化学，工学の基礎程度で十分なことが多くある．条件の設定，程度の表現にはこの背景にある科学を記載する．それらの科学の発展性，原理，拡張性などにも触れるとより理解がしやすい．必要に応じてイラストを入れる．成功例と失敗例などの写真も有効である.

　図表4-5に技能分析表の実例を示した.

（5）　熟練者のものの見方と考え方

　ベテランは長い間の経験で，優れた技能を獲得する．その本質は何かを追求してみると，ベテランの行動にはある考え方があることがわかる．暗黙知の伝承で大事なことは，このような熟練者のものの見方と考え方であろう.

　図表4-6は熟練者の作業概念と行動様式を表している．作業概念とは，「そ

主な手順	No.	具体的な行動の仕方	ポイント・判断基準
1 バーナーで 加熱する	1-1 1-2 1-3 1-4	**バーナーの持ち方・動かし方** •左手でバーナーの「取っ手」を持ち，右手は管を持つ. •あぶり始めの部分は下からでも上からでもかまわない •上下に炎を動かしながら移動させる. •チョークで書いた直線上を炎先端でトレースして加熱する.  ■写真 **バーナーのあぶり方**	**体の位置** •しゃがむ位置は加熱表面が見やすい位置とする. •姿勢はバーナーが直線的に移動できるようなものにする. •鉄表面からの熱で顔が熱くなるので，加熱面から離れる.  ■写真 •あぶる部分は狭いほど良い.
	1-5	•直線上を炎先端でトレースする.  ■写真	•ビード真裏を温度の拡散がないように集中させてあぶること •右手で上下の移動の微妙なコントロールをする.  ■写真 •上下に炎の軌跡を重ねながら動かすのは縦方向にする方がムラが出ないからである •同じ温度，同じ深さで加熱する. 変動があってはならない. •焼け方の色を見て移動させていく. 表面の色の様子が大切な判断の基準になる. •直線的にあぶれないと歪が出てくる.

図表 4-5 技能分析表の記載(例)

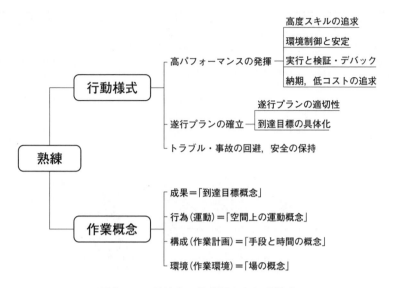

図表4-6　熟練者の作業概念と行動様式

の作業がどのようなものかを説明するキーワードのこと」である．また，行動様式とは，「行動のスタイルや，やり方のこと」である．

　熟練者の行動様式を観察すると，高パフォーマンスを発揮することに注力している．熟練者は，第一に高度スキルの追求，環境制御と安定，実行と検証・デバッグ，納期・低コストの追求がある．第二は遂行プランの確立がある．これは，現在，自分の行っている作業プランが適切かどうかを判定し，適切性を維持することだ．また，到達目標をよりリアルにすることである．第三は，トラブル・事故の回避および安全の保持に心を配ることである．このような行動スタイルには，より高いパフォーマンスを求めるプラスの方向性の獲得と，トラブル・事故などのマイナスの方向性へのリカバリとが共存している．

　次に，「作業概念」は「熟練者が保有する作業に対する考え方やものの見方」を指している．あるいは作業を行ううえでの重要な観点を示している．それらは「場（環境）の概念」「到達目標概念」「行為（運動）概念」「手段と時間の概念」で構成され，これらの4つの概念が熟練者の考え方となっている（図表4-7）．

　「場（環境）の概念」とは，作業を行う環境および場に関する考え方である．

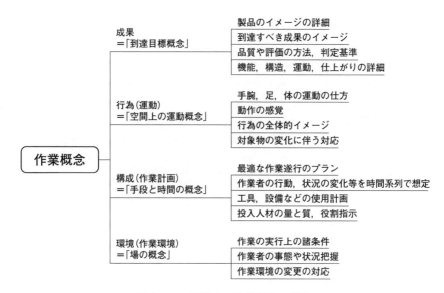

図表 4-7　熟練者の作業概念の構造

これには作業環境の評価と状況の判断が含まれる．作業にとって最良の場となっているかを見ている．「到達目標概念」とは目指すゴールの成果を表している．明瞭な目標を描くという考え方である．これには問題状況の把握，ゴールの明確化，到達目標の指標化，ベンチマークの設定などが含まれている．「行為（運動）概念」は実際に行動する内容についての考え方である．行為の全体像をもち，具体的な行為の仕方や方法と，成果・結果の関係を扱っている．「手段と時間の概念」は計画的なものの見方や考え方を指している．プランを企画し，方法の時系列的な整理を行う．これは換言すれば段取りのことである．トラブルに対する防御もこのなかに含まれる．

　暗黙知の伝承を進めるにはまず，「熟練者がその作業をどう捉えて，どのようにしようとしているか」を特定することが最も効果的な道となる．

(6)　作業概念と技能分析表の関係

　すでに述べたように，ベテランは「作業概念」を保有していて，これで仕事を円滑にこなしている．技能分析表にはこれらのすべてが網羅されていることで，教育訓練に役立てることができる．技能分析表はベテランの保有する作業

技能分析表

1. 作業の全体像

作業名			
作成者		作成年月日	
標準時間			
作業の概要と意義 （作業の全体像）	①到達目標概念		
特に難しい部分			
使用する工具・道具, 材料, 環境, 条件	②場の概念		

2. 工程別技能分析表

主な手順	具体的な行動の仕方	ポイント・判断基準
	③空間上の運動概念 ④手段と時間の概念	

図表4-8　作業概念と技能分析表の対応

概念を克明に記述することで，技能を学習しやすくしようとするものである．

　図表4-8は作業概念と技能分析表の対応を示している．技能分析表の様式は，作業分解票や作業手順書と似ているように見えるが，異なる内容である．

4-3　技能分析表から，技能マニュアルと技能教育道場へ
（1）　暗黙知を技能分析表に落とすには

　技術・技能指導で大切なことは指導方法と教材の充実である．従来OJTで実施していたからといって，これに依存するのでは，得られる成果は少ない．暗黙知を明確にして指導しなければ，依然として暗黙知のままである．暗黙知を完全に言語化するには時間がかかり，研究も必要になる．しかし，私たちは技術・技能指導によって後継者を短期間で育成すればよいので，暗黙知の研究ではない．教育指導のための暗黙知の明確化作業を行い，指導を充実すべきで

教材は「技能分析・マニュアル」と「教育用手順書」を用いるとよい．

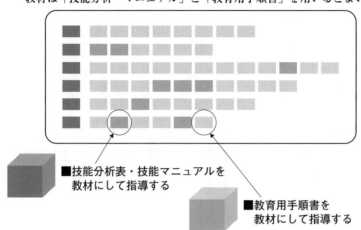

■技能分析表・技能マニュアルを
教材にして指導する

■教育用手順書を
教材にして指導する

図表4-9　能力項目と教材

ある．

　暗黙知がある能力項目については技能分析表を発展させて，動画入りの技能
マニュアルを作成する必要がある．ただし，すべてを動画にするのではなく，
必要に応じて，スポット的にポイントを押さえればよい．**図表4-9**は能力項目
と教材について示している．

　指導すべき能力項目のうち技能については次のような方針で進める．暗黙知
指導を伴う場合には技能伝承マニュアルを使用し，暗黙知を含まない指導の場
合には「教育用手順書」を使う．

　暗黙知を含まないからといって，教材は疎かにできない．作業の正しいやり
方とそのポイント，根拠となる資料，データなどはぜひ入れたい．この他に
も，写真やイラストを挿入してあるとわかりやすい．

（2）　技能分析表から技能マニュアルへ

　技能分析表が完成したら，技能マニュアルの作成に移行する．基本的には学
習者が必要な機材と技能マニュアルを用いて学習できればよい．そのためには
良いマニュアルが求められる．技能分析表でわかりづらい部分があれば，動画
などで補強する．**図表4-10**は技能分析表と動画でマニュアルを作成するプロ

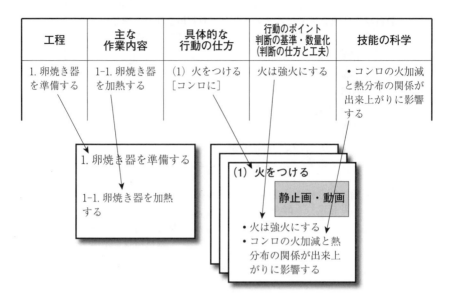

工程	主な 作業内容	具体的な 行動の仕方	行動のポイント 判断の基準・数量化 （判断の仕方と工夫）	技能の科学
1. 卵焼き器 を準備する	1-1. 卵焼き器 を加熱する	(1)　火をつける ［コンロに］	火は強火にする	・コンロの火加減 と熱分布の関係が 出来上がりに影響 する

1. 卵焼き器を準備する

1-1. 卵焼き器を加熱する

(1)　火をつける

静止画・動画

・火は強火にする
・コンロの火加減と熱分布の関係が出来上がりに影響する

図表 4-10　技能分析表と動画によるマニュアル作成（例）

セスを描いている.

　扱う動画はポイントだけ示せばよい. 作業記録のように, 定点から全作業を撮影したものは役立たない. このような記録撮影は技能分析表にはなじまない. 見所やポイントだけが明瞭に伝わるように動画を用意する. こうして作成した動画は, 後で述べるパワーポイントによる技能マニュアルに変換し, DVDもしくはイントラネットにストックする.

　教育に必要な資材や技能マニュアルが揃っている場所のことを「技能教育道場」という. 学習者にとっては自由な時間に学習者が学習できる環境となる. 必要に応じて指導者が指導するとさらに効果的である. その場合, 初期の頃は作業のやり方や工夫の仕方を指導するが, 中期以降は評価したり, アドバイスしたり, 考えさせる訓練をする.

　図表 4-11 は技能マニュアルの構成の一例を示した. 表紙頁から本文頁へと連続している. 技能マニュアルにパワーポイントを用いると, 文字, イラスト, 動画, 静止画のすべてを同じ画面上に構成できるので, マニュアルとして完成度の高いものを作成できる.

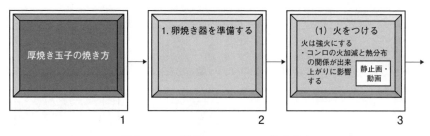

図表 4-11　技能マニュアルの構成（例）

（3）　技能教育道場の設計と開発

　「技能教育道場」は，技能を学習するためのすべての機材やマニュアルなどが用意された場所である．この場所では自学自習が基本だが，場合によってはコーチングによる教育が受けられる．技能教育道場では教育成果が常に「見える化」されていて，学習の進度が把握できるようにしてある．

　技能教育道場の特徴は次の点にある．

　　①　学習に必要なすべての機材が揃っている．

　　②　最適・最短時間で学習できるプログラムや課題が用意されている．

　　③　評価基準や評価課題が確立している．

　　④　失敗も許される．何回でも練習が可能である．

　　⑤　自信をつけるのに必要な学習ができる．

　　⑥　学習に役立つ技能マニュアルが整備されている．

　道場の構成は練習場所，技能マニュアル，訓練課題・課題指示，学習の仕方ボード，管理ボード（学習進度表），道具・設備，サンプル（見本）などである．

　図表 4-12 に道場のレイアウト例を示した．扱う課題や設備によって工夫するとよい．学習しやすく，集中できる環境が望ましい．

　道場に用意するものは**図表 4-13** のように課題指示，技能分析表，モニタがある．モニタによって技能マニュアルを見ることができる．この他に道具，材料，見本などが加わる．モニタはタブレット PC を用いてもよい．

　道場を開発するには，まず基本デザインを描く．テーマ，目標設定，練習内容の概要などを設定する．これらを決めたら，課題設定をする．例えば，「力量検査法か，制限時間法にするか」がある．力量検査法では時間を無制限に与

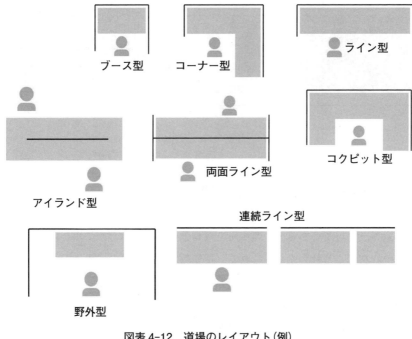

図表 4-12　道場のレイアウト（例）

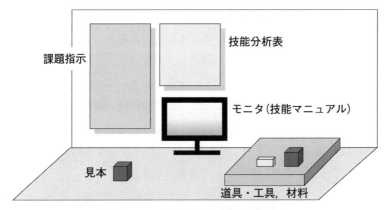

図表 4-13　道場の構成物と配置（例）

えてできるまで実施する．これに対して制限時間法では限られた時間内ででき
ることを目指す．また，内容も「ワークサンプリングとするか，全作業とする
か」で異なる．作業のなかで特に重要部分に絞って道場を設定することも効果

的である．よく行われる方法は条件，方法，結果の因果関係を習得するやり方
である．これをいくつか用意して確実な関係性を摑ませるのである．

　道場で学習させる内容にはさまざまなものがある．次の内容は実際に行われ
ている例である．

❶　判定の確実さを高める．

❷　不良の原因を探らせる．

❸　不良の程度を判定させる．

❹　不良を修正させて良品にする．

❺　不良・不具合を見分ける．

❻　不良・不具合の質的程度を判定する．

❼　色合いの限度見本内かどうかを判定させる．

❽　膜の厚さを判定させる．

❾　適正量を判定させる．

❿　ムラを判定させる．

⓫　全工程を確実にできるようにする．

⓬　特に重要な要素を練習させる．

道場で学習する課題がシンプルな場合は**図表 4-13** のように設置するだけで
学習はスムーズに進められる．しかし，課題がいくつかの観点から行うような
場合，**図表 4-14** のように課題指示を明瞭にして，かつ学習進度表でコントロ
ールできるようにしなければならない．つまり，学習者が戸惑わないように構

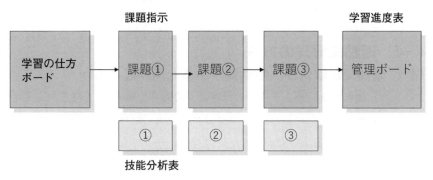

図表 4-14　課題が複数にわたる場合の構成物と配置(例)

成する必要がある．学習者が順調に進めているか，あるいはどこで躓いている
かが学習進度表を見れば指導者にわかるようにする．

　技能教育道場の設置場所が実際の製造設備の脇に置かれる場合には，工夫が
必要になる．よく行われるのは，製造設備を一定期間使用しない時間を利用す
ることである．この場合には道場エリアをプラスチックチェーンで囲い，道場
として使用中であることを示す必要がある．この場合には道場の看板を掲げ，
使用期間や使用者，管理責任者，学習プログラムなどを明示する．

　技能教育道場は，活用次第で能力管理に大きな貢献をする．道場を一定の場
所にまとめて設置すれば研修センターのように管理できる．工場の中に分散し
て配置する場合には道場マップを掲示して，相互に利用状況をコントロールし
ながら学習できるように工夫する．

（4）　成果・結果の検証の仕方，フォローアップの仕方

　技術・技能指導では，学習者がベテランと同様に作業できることが確認でき
たら終了する．よくあるケースはいくつかのポイントで成功できずに最終的な
成果が出ないことである．成果・結果の検証はまず始めに能力マップの項目で
一通り評価する．5段階評価で検証するので精度の高い評価が可能だ．能力マ
ップでは「どこがつまずいているか」「何が失敗要因か」を明らかにできれ
ば，指導に反映できる．図表4-15は評価と検証について示した．

　成果・結果の評価と検証で大事な点は，到達度の正確な評価と未達成の場合
の早期達成の実現である．また，後継者指導の仕上げとして，フォローアップ
することが欠かせない．

4-4　暗黙知管理の方法
（1）　暗黙知とは何か，暗黙知があると何が起こるか

　技術・技能教育を始めるきっかけは暗黙知の存在であろう．「技を教えるの
だがなかなか伝わらない」「カンやコツはどう表現したらよいのだろうか？」
「感覚的なところがあるのだが，カンドコロがわかってもらえない」という声
を聞く．学習者に対しては時間をかけて体験させながら指導するケースが多
い．技術・技能教育はこの取組みをより合理的で効率的に行うために適用でき

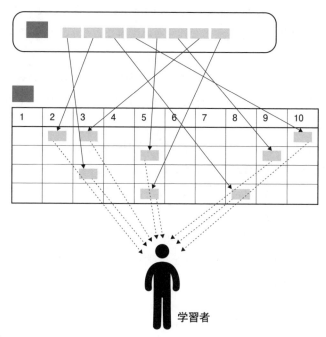

必要能力項目ごとに評価し，作業ができるかで検証する．

図表 4-15　成果・結果の評価と検証

る．暗黙知とは何かについて検討しよう．

　まず，暗黙知はどのようなものかを整理してみると下記の①〜⑦のようにな
る．

　　①　経験や体験によって習得される．体験や経験なしには習得できない．
　　　　読んだだけでは理解もできず，できる状態にはならない．

　　②　観察したり，見ただけでは何のことかわからない．作業者の行う作業
　　　　を観察しても，それは再現できない．学習者にはどこを観察すればよい
　　　　かがわからない．

　　③　言葉で表現が難しい．記述も困難だ．言語表現になじまない内容を含
　　　　んでいる．努力して表現しても，その言葉から作業を再現できない．表
　　　　現する側と理解する側で内容の不一致が生じている．

　　④　作業のカンドコロが含まれている．「これなしでは作業に成功できな

い」というような，作業で最重要のポイントが含まれている．「カンド
コロとは物事を行ううえで外せない大事なこと」という意味合いがあ
る．

⑤　ものの見方や考え方をも含む．単に行動のやり方や目で見える範囲ば
かりでなく，その行為や行動の背景にあるものの見方や考え方を含んで
いる．

⑥　ベテランがいつも自然に行っている内容を指している．ベテラン自身
が気づかない場合が多いことである．

⑦　見えるものと見えないものがある．体で覚えるような体験主体のもの
であれば，語ることは困難で，見ることは不可能である．言語化なしに
行動に現れるのであれば，それは非言語的な内容といえる．

これらに共通していることは何かを整理すると次の❶〜❺のようになる．

❶　体で覚えたり，感じたりする内容がある．

❷　言葉などによる表現が難しい．

❸　見えるものから見えないものまで幅広くある．

❹　見えるものでも理解が困難なものがある．

❺　ベテランが自然に行うことで，自覚もない．

このような暗黙知に対する技術・技能教育は，これらの不明瞭さ，表現しに
くさに対して正面から取り組むことになるため，とても難しい．

暗黙知とは「表現が困難で記述しづらい知」のことを指している．また，
「熟練にともなって獲得される行動様式のこと」である．熟練者の行動スタイ
ルが一定のものに形成されて安定したときに見られるものだ．この暗黙知の反
対語として形式知がある．形式知とは「表現が容易で言葉で記述ができる知」
を指している．

「知」という言葉には，知恵と知識という2つの内容が混在している（**図表
4-16**）．知識は「認識によって得られた成果，知られていること」を指してい
る．これは明瞭に示すことができる．また，知恵は「道理を判断して処理して
いく働き．筋道を立て，計画し，処理していく能力」のことを指している．不
明瞭な部分を多く含んでいるのは知恵にあるといえる．表現とは他者に伝える
活動である．表現しにくいということは他者に伝えにくいのと同じことであ

認識によって得られた成果，知られていること

$$知 = 知恵 + 知識$$

道理を判断し処理していく働き．筋道を立て，計画し，処理していく能力

図表 4-16　「知」の概念

写真 4-2　0.001mm を削る，「きさげ作業」には暗黙知が多い

る．しかし，表現だけが他者への伝達手段ではない．ここに暗黙知伝達の工夫が求められる由縁がある．

　よくいわれるカン・コツとは何かについても触れておこう．

　カンは勘と書いて感覚，五感，感性のことを表している．「勘」と類義語の「直感」には「推理・考察などによらず，感覚的に物事を瞬時に感じとること」とある．例えば，重さを手で量るとき，どの程度の重さかを手の感覚で確かめるのである．いちいち，秤に乗せるまでもなく，瞬時に重さを判定することである．「カンが働く」という言葉を考えると何かの原因や隠れている筋道を推測，判定することを指している．このようにある事象を前にして，何かをすばやく感じとることを指している．例えば，きさげ作業について考えてみると，きさげの持ち方，腰や足の動き，手から伝わる振動などと眼による判断の組合せで作業している（写真 4-2）．

　コツは骨と書いて要点，要領，ポイントのことを指す．辞書で見ると「体を支える堅いもの，ものの中心にあってそのものを保持するもの，要点，急所」

といった意味がある．「要領が良い」とは「処理の仕方がうまい．手際がよい」ことである．「手はず，手順，手際」のような作業の進め方をも表わしている．例えば，刺身を包丁で切ることと大根を包丁で切ることは自ずとやり方が違ってくる．素材である魚と大根の違いもそうだが，切るのに適した包丁の形状も違うし，切る目的が違えばそのコツも変わる．鉛筆削りでも，木部を削るときと芯部を削るときは，使うカッターは同じだが使い方が変わる．このようにコツは「作業の成否を握っている要領のこと」といえる．

　カンとコツを分けて考えてきたが，これらはつながっていることがわかる．カンで得られたことをコツに反映させたり，コツで必要なことをカンで探ったりすることはよくあることだ．人はカン・コツを使い分け，あるいは協働させているのである．

　暗黙知は「なぜ生まれるか」「どう扱えばよいか」を考えてみたい．暗黙知は人間の行為にもとづく行動様式の獲得結果である．行動様式は体で保持することから，明文化するにはなじまない．感覚を言語化することが困難なように，行動様式も難しい．言語化はできないが，実態はある．行動様式を手がかりに考えてみると，行動には目標があり，対象がある．暗黙知は人間と対象を取り巻く周辺の要因も含めて存在する．暗黙知は静的に存在するのではなく，動的に存在する．人と環境の空間において状況の関数で発生するともいえよう．つまり，時間的には瞬時，瞬時の状況で行われるのである．

　暗黙知を検討する際に有力な情報は，「場面」「場合」「条件」である．これらに対応した行動様式として認識し，分析すべきであろう．画一的で，かつ変わらない条件の下で暗黙知を検討することは意味がない．常に変化する状況のなかで暗黙知を検討する必要がある．暗黙知を記載する場合は，［条件・場面］×［行為・行動様式］×［理由］として書かれなければ明確化できない．ここでいう行動様式とは，行動の仕方や行動のスタイルのことである．

　このような暗黙知は，それ自身も状況の関数であることから「普遍」のものとして定着するとはいえない．したがって，暗黙知が形式知に置き換わった瞬間から，別の暗黙知が誕生するということもあり得る．暗黙知は場合によって異なる内容をもつ可能性がある．そのため，どの場面でも通用する暗黙知というものはあり得ない．ただし，その背景にある考え方は普遍的であることが多

い．場面によって変わる暗黙知もそれに対処するにはこの基本的な考え方や対処の仕方の原理にもとづいて行われるのである．私たちは単に表面的な暗黙知を伝えることだけでは，伝えたい暗黙知のすべては伝えられないと理解すべきだ．

（2）　暗黙知の種類と階層

　次に暗黙知の種類と階層について検討したい．暗黙知の種類についての論文は少ない．暗黙知の種類は従来，1つのものとして論じられてきたが，技術・技能教育としては不備といえる．暗黙知はただ1つという認識では指導がうまくいかないからである．例えば，生産管理の現場で行われている生産計画の立案と，製造の現場で行われている温度管理において温度を色味で目視判断で行うことでは，暗黙知の内容が決定的に異なる．これらは同一のものと考えられないばかりか，指導方法に至っては異なる方法で行わないとうまくいかない．

　そこで暗黙知をいくつかの種類に分けて，それぞれに応じた指導を検討することにした．ここでは暗黙知を4つの種類に分ける．それらは判定型暗黙知（質的把握），加減型暗黙知（量的把握），感覚型暗黙知（感覚・運動機構依存），手続き型暗黙知（知的管理機構依存）の4種である（**図表 4-17**）．

　第一の判定型暗黙知は，質的判断（判定）を行い，環境・状況・事態を診断し推測し予測するものである．判定の対象とする内容は幅が広い．対象物の状況や事態がどのような状態になっているかを判定するのである．対象の観察ポイントの設定，観察項目の現状水準，およびそれらの集合としての判定が内容となる．特に質的判断の良否のボーダーラインに関する事柄は最も重要である．質の表現は例えば，半田付けにおける半田表面の「つや」「輝き」「流れ具合」といったことは表現が難しいばかりか，良否の判定の感覚が問題となる．この暗黙知は「判定に必要な要素を明確にする」ことで，形式知に近づけた指導が可能である．具体的には判定および診断に必要な要件をリスト化し，それぞれの基準に対する実際の値の位置をもとにして判断するとよい．また，これには判定項目間の関連や，実測値の重み付けなどで判定することも含まれている．そのため，予測や推測も過去の経験から確率を考えて行っていると推測できる．

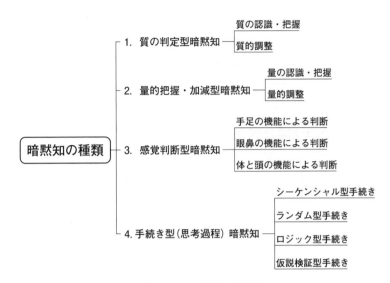

図表 4-17　暗黙知の種類

　第二は加減型暗黙知である．これは行動する際に必要な量的把握を伴うもの
である．質的判断と比較すると容易であるかのように受け取られがちである
が，決して容易ではない．例えば，「投入する材料が適量かどうか」を判断す
るには現状から得られる情報を頼りに行う．このとき，数値化され，計量でき
る場合には比較的容易ではあるが，調色のように，「色味の視覚判断によって
原色をどの程度増加させるか」を判断するためには困難が多い．色の問題は目
の特性による個人差もあり，練習して一定の判断ができるようにしなければな
らない．また，振動の判定も，その良否の分かれ目は同様に難しいものがあ
る．判定型暗黙知と同様に，指標となるべき基準の確立が重要になる．ここで
は，量の把握方法と基準からの乖離が重要になる．これを明瞭にできれば学習
しやすい．

　第三は感覚型暗黙知で，非接触型感覚の目および接触型判断の手・足・体な
どの感覚に依存するものである．感覚の表現には難しいものがある．その原因
は注目点と程度の表現にある．つまり，「感覚の注目点が何にあるか」を明確
にし，それぞれについて，「どの程度」かを明らかにする必要がある．例え
ば，味覚の場合，注目点をいくつか挙げ，それを座標軸上にプロットすること

で表現している．日本酒，コーヒーなどの味がその例である．感覚型暗黙知では「純粋な洗練された感覚や感性をどのようにして獲得できるか」を指導すると効果的である．目視の場合には視点と見る内容を明確にする．接触型の場合は「どの感覚で，どことどこを，どのように接触させるか」を明確にする．そして，「どのような感触・感覚で判定するか」を示すとよい．この場合にも感触や目安についての基準の確立が求められる．

　以上のような，質の判定型，量的把握・加減型，感覚判断型の暗黙知は製造現場や設計現場などでよく見られる．

　第四は，手続き型暗黙知である．これは作業に含まれるプロセスの把握および制御，思考の過程を主とする暗黙知である．手続き型暗黙知は企画や設計，管理，コンピュータを使用する業務などがこれに属する．この暗黙知は技能に含まれるプロセスの把握のウェイトが大きいものである．手続きを手順としてすべて書き上げることは可能だが，膨大な記述データ量になる．ベテランはそれらを手順として覚えることはしない．あらすじとしてのストーリーを覚えていると推測できる．したがって，このストーリーを明瞭にすることが大切である．ストーリーごとに細かな内容を必要に応じて取り出せるような工夫が役立つ．

　暗黙知の種類を**図表4-17**に示した．手続き型暗黙知は4つの種類に分けられる．これらは筆者が製造職場や設計開発職場で観察した結果から，下記のようなタイプが存在していると推測できる．

　　①　シーケンシャル型：一定の順序性に従って行う際に見られる暗黙知作
　　　　業工程に伴って行うような一方向の流れをもつ業務に発生するもの
　　②　ランダム型：現れる現象や結果に対して即座に対応するが，その対応
　　　　の仕方に暗黙知があるもの
　　③　ロジック型：ある事柄を論理的に追求し，判断もしくは判定するな
　　　　ど，追求の仕方に暗黙知があるもの
　　④　仮説検証型：場合や条件を変えるとどうなるかなどの仮説を立てて検
　　　　証を進めていくもの

　いずれも作業者のものの見方や考え方を扱うもので，暗黙知を明確にするには困難が伴う．しかし，多くの手がかりを残している場合があるので，それを

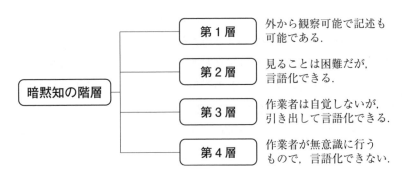

図表 4-18　暗黙知の4つの階層

手がかりにすれば対応は可能になる.

　次に暗黙知の階層について検討しよう. 暗黙知の内容の深さについて4つに分けて検討することにした. **図表 4-18** は暗黙知の4つの階層を示している. 暗黙知の第1層は極めて浅いものである. これは見えやすい内容で, 見るだけでその暗黙知が理解できる. これに対して暗黙知の第4層は非常に深い. 全く見ることができず, 記録は困難である. そして, これらの中間にある第2層と第3層は, ある程度見ることで表現もできなくはない.

　第1層は外から観察可能で, 記述が比較的容易にできる. 見ながら書き留めることで記録できる. この層の内容は記述していないために暗黙知化されていると推測できる. 作業をビデオに収録し, それぞれ何をしているか列記することで明瞭にできる. 第2層は見ることは困難だが, 言語化の可能性のあるものである. あるいは, 見る努力をすれば見えるものも含まれている. いずれの場合でもインタビューによって記録できる. 判断や思考のプロセスが関わっていて理解を困難にしているものもある. 第3層は作業者が自覚していないか無意識に行うもので, 第三者が指摘したり, 推測して聞き出すことで言語化できるものである. 作業者自身が自覚しないことが把握を困難にしている. これを第三者の客観的な指摘によって明瞭化へのルートが開かれる. 第4層は作業者が無意識に行うものでかつ言語化もできないものである. これは第三者が明らかにするのは困難である. 当事者として行為することで見えてくる内容が含まれている. 主として精神的なものにあると考えられる. 例えば, 構え, 姿勢, あ

るべき姿，哲学的な考えなどである．ときには精神的世界もしくは魂のような
内容まで含まれる．

　技術・技能教育では当面，第3層までを対象に明確化して臨み，ある程度明
瞭になった段階で第4層を明確にするとよい．第4層は第3層までの積み重ね
の後に長期にわたって熟成された内容と理解できる．したがって，第4層が明
らかにならなくても，第3層の内容で，ある程度の作業を効果的にこなすこと
が可能である．

（3）　暗黙知管理のフローチャート

　技術・技能教育のテーマとして設定した対象技能について暗黙知を明確化
し，指導して成果を得る活動を暗黙知管理とよんでいる．暗黙知は時代を超え
ていつも発生する．それを作業者間で共有することが大切だ．この一連の手続
きを踏むことで暗黙知を管理できる．暗黙知を放置することは優れた経営資源
を有効活用できず，さらに生産性の向上も行われないことになる．

　図表4-19に暗黙知の管理フローチャートを示した．この図によって，その
流れを見ていこう．

　まず，テーマ作業の動画を撮影する．重要なポイントは逃さずに撮影する．
定点から全体を撮影する動画は役に立たないので，機動的に動きながら撮影す
るとよい．この動画を見ながら文章化する．主な手順や具体的な行動，ポイン
トを書き上げる．この記載の仕方についてはすでに述べた．

　次に動画から写真を抽出して記載する．パソコン上で動画をストップしなが
ら画面をコピーすれば写真に固定できる．そして，プロジェクターもしくはモ
ニター2台を用意して動画と技能分析表を同時に見ながら，ベテランにインタ
ビューで暗黙知を明確にする．具体的にはベテランの行動や動作，考え方につ
いて質問する．その回答を技能分析表に追記していく．

　次に技能分析表をもとに必要な動画を抽出して，技能マニュアルに挿入す
る．わかりやすい動画を抽出することが大切だ．完成したマニュアルを見て，
「作業が再現できるか」を検証する．問題なければ，技能マニュアルを使用し
た指導を実施する．また，「完了して目標とする後継者が育ったか？」を評価
する．この流れは多くの実践結果にもとづいて作成されている．比較的簡単な

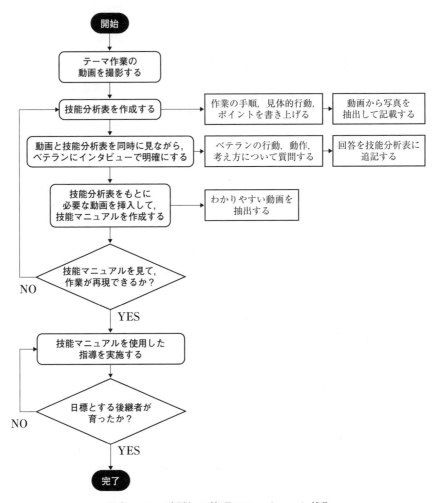

図表 4-19　暗黙知の管理フローチャート（例）

技能でも，難しい技能においても適用できる．後述する知的管理技能でもこの
方法は有効である．回路設計や建築設計などでも同様に扱うことができる．す
でにテーマ作業の作業手順書がある場合には「技能分析表を作成する」にこれ
を置き換えて，インタビューに移行してもよいだろう．

（4）　暗黙知明確化の方法論

　暗黙知を明確にするにはいくつかの方法が考えられる．ここでは次の３つの
アプローチを紹介する．「①生体情報アプローチ」「②動態情報アプローチ」
「③思考過程の抽出アプローチ」である．これらをいかに組み合わせて暗黙知
に到達するかを検討することで，これらの内容を明らかにできると考えてい
る．

　①　生体情報アプローチ

　　直接観測はできないが，人間は多くの情報を出している．生体情報は人
間が生物として生きる際に生じている（身体から生理的な情報を発してい
る）．例えば，筋電位，発汗による皮膚電位の変化，皮膚インピーダンス
の変動，心電波形，脳波，眼球運動による電位などが挙げられる．

　　脳の活動を活発化させると脳波の質と量が変化する．考え事をしたり，
精神的な緊張をもつと心電波形，皮膚電位に顕著な変化が出る．「いつ波
形が変化したか」「どのような場面で変化したか」を確かめることで，行
動や脳の活動を推測することができる．微妙な調整をするときには呼吸数
が減少する．息止め操作がこれである．このような情報を手がかりに，暗
黙知を推測することが可能である．

　②　動態情報アプローチ

　　外から観察でき，データも収集できるものが動態情報である．これに
は，注視点移動，手の運動軌跡，指の動きなどがある．一般に映像記録を
用いる．動態情報は暗黙知の探索の有力なアプローチといえる．「なぜ，
そのような動きをするか」「なぜ，そのような力のかけ方をするか」とい
った質問が，インタビューの糸口として役立つ．

　③　思考過程の抽出アプローチ

　　これまでに述べたいずれのアプローチも，ダイレクトに暗黙知に到達す
ることはできない．まして，思考過程における暗黙知を明確化させようと
する場合には工夫がいる．思考過程を相手にしようとする場合には，集め
得る情報を確実に押さえてから，本命の考え方，推論・推理の仕方，判断
の仕方へと接近するとよい．思考過程にある暗黙知の明確化はインタビュ
ーが役立つ．しかし，誘導質問になったり，インタビュアーの強引な仮説

　検証を進めるリスクが常にあることを考えておかなければならない.

(5)　暗黙知を捉える3つのチャンネル

　暗黙知の保有者である人間のどの側面を捉えれば暗黙知を明確にできるだろうか. それには以下の3つのチャンネルがある.
　　①　行動・運動・動作のチャンネル
　　②　アウトプットのチャンネル
　　③　作業計画・段取りのチャンネル
　①は, 人間の行動そのものを見て捉えるものだ. 最も直接的であるが, 見る視点を設定しておかないとすぐに消え去る. ②は, 成果物・作品(いわば, 結果のみ)を捉えて,「結果のどこが異なるか」を吟味することで暗黙知を推察できる. ③は, 行動の計画や段取りの記録・文書を対象にして捉えるものだ. 行動の仕方の計画や経過に暗黙知があることは多い. 熟練者が自然に行っている行動のために意識化されていることがないので, 関連すると思われる情報は可能な限り収集することが望ましい. しかし, 暗黙知の研究をしているわけではないので, 必要最小限の情報に絞ることも重要である. 要は能力管理として何が重要な情報かを考えて作業することである.
　図表4-20 は作業から得られる情報群を示している. これらのなかから選択して, 熟練者の行動を明らかにする有力情報を使う. この際に中心になる情報は「①行動・運動・動作のチャンネル」にあり, これを手がかりに熟練者の考え方や判断をインタビューすることで暗黙知に接近できる.「②アウトプットのチャンネル」「③作業計画・段取りのチャンネル」はインタビューに際しての手がかりや後付けの役割を果たす. 図表4-21 に暗黙知を捉える方法を示した.

(6)　暗黙知インタビューの方法

　カン・コツを伝えるには映像から作業のポイントやカン・コツ, 科学的な背景をベテランから聞き出すとよい. 作業を収録したビデオ映像を再生し, 静止画にしたり, スローモーションで再生し, 解析していくのである. 動画の再生のコントロールは質問者が行う. 質問者はさまざまな角度からベテランの回答

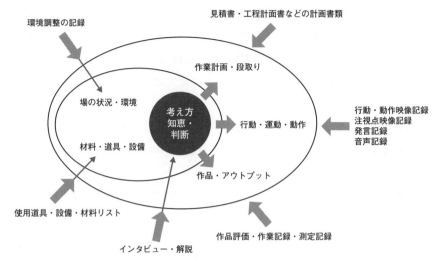

図表 4-20 作業から得られる情報群

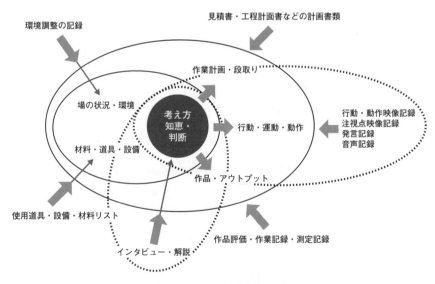

図表 4-21 暗黙知を捉える方法

を引き出す．質問者はその技能に優れていなくてもよく，技能者の動作・行動の謎解きを行うのである．この技能を学習するには，どんな点が不明なのかを確かめるようにして質問する．回答はすぐに技能分析表に入力する．この質問・回答の経過は別のカメラで収録すると，後で聞き逃した点を明らかにできる．

　暗黙知インタビュー（写真4-3）は，基本的には質問者がわからない点を質問していくが，聞き方にはコツがある．その方法のヒントは**図表4-22**に隠されている．

　図表4-22は，作業者の行動と外界や対象物とのかかわりを示し，人間の働きを2つに分けている．一つは感覚運動機構，もう一つは知的管理機構である．前者は手足・体・顔などを使って情報を受け入れたり，働きかける働きである．後者は頭で判断したり，推理する働きである．この2つの働きに注目してインタビューするとよい．

写真4-3　暗黙知インタビュー

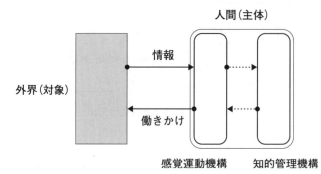

図表4-22　作業者の行動と外界・対象物とのかかわり

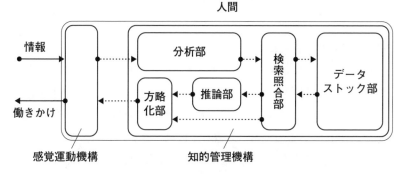

図表 4-23　知的管理機構における判断・推理の流れ

　図表 4-23 にあるように作業者は外界もしくは対象物からの情報を目や耳などの器官(感覚運動機構)を使って獲得する．この情報は脳(知的管理機構)に伝えられ，脳が判断・推理し，その指示が手や腕，足，顔などの器官(感覚運動機構)に伝えられる．これによって対象に働きかける．この過程を知るために，インタビューでは「どこを見ましたか？」「対象からどんな情報を得たのですか？」「何を判断しましたか？」「どうすればうまくいくと考えたのですか？」といったように問いかける．

　図表 4-23 は，知的管理機構における判断・推理の流れを示している．外から見えない頭の中での判断を詳しく描いている．これを活用すると，ベテランが行っている思考過程のインタビューが可能だ．対象から入ってきた情報は，分析部，検索照合部，データストック部を経て推論部に入り，方略化部で指示となって，感覚運動機構を通じて働きかける．「その情報の特徴をどのように判断しましたか？」「過去のどのケースと同様と考えたのでしょうか？」「それはよく起こることですか？」といったように質問して，インタビューを進めていけば必要な情報を早く得ることが可能だ．

　以上のポイントを押さえたうえで，インタビューは，次の内容で行う．

　　① 作業の全体像の把握

　　　全体像の把握はインタビューで欠かせない要素である．いきなり核心を突くのではなく，全体像を把握することを心掛けることで理解がしやすくなる．ベテランであれば，その作業の全体を適切に説明してくれる．「ポ

イントは何か」「難しいところは何か」「何がわかればスムーズに作業が流れるのか」などを聞く必要がある.

② 作業環境条件の把握

技能は必ず一定の条件の下で進行する. その必要条件は何かを明らかにしておくことが重要だ. 技能は［場×条件］のもとで発揮される.「どのような場で, どのような条件のもとで行われているか」が, その作業状況を生み出しているのである. 道具や設備, 材料の他に, 気温や湿度, 風量, 流量, 時間帯なども大きな要因となる. 製品仕様, 客先の希望などは作業の根底に流れる考え方として見い出せる.

③ 作業者の動作・思考過程の把握

どのような動作や運動をするかを明確にすることは当然だが, これと思考過程の関連を明瞭にする. つまり,［動作］と［思考過程］がどのように関わり合うのかという関係性を把握するのである. それらは同じ空間と時間のなかで行われる. だから, 空間のなかの移動量, 移動の方法・方向, 思考の内容・方向を関連づけて把握するとよい.

④ 感覚機能, 運動機能の特定と抽出

「その技能で使用する感覚機能は何か」を特定する. 使用する感覚器官そのものが暗黙知になることもある. 特定すればそれだけ暗黙知を特定するには近道となる. 感覚機能と運動機能の特徴は, 入力であると同時に出力でもあることである. それらは同時に混在している. また, 両者は結合して働くこともある.

⑤ 判断の仕方の特定と抽出

通常, 判断が単独で存在するのではなく, 感覚機能や運動機能と連動して働きを発揮する. ある順序性や秩序をもって働く場合と, ランダムに因果関係なしに独立して働く場合がある.「どのような判断が, どの機能と関係して行われたか」を明らかにできれば, 暗黙知を明確化できる.

質問者とベテランの役割について説明しよう. インタビュアーはその技術・技能についてすべてを知っている必要はない. 逆に知らないほうが有利である. よく知っている人がインタビュアーだと, ベテランとの間で省略が起こり, 暗黙知が書き上がらないからである.

　インタビュアーは基本的に，科学的な根拠や原理，工夫点を明らかにしていく態度が必要である．あくまでも初心者，学習者，理解者としての立場で聞いていく．ベテランの表現しにくい部分を明らかにする支援者としての立場で，ベテランに失礼のないようにその作業と人格を尊重しながら進めていく．寡黙なベテランであっても作業を説明してもらう．ときに緊張感のある展開がカン・コツを引き出すことがある．また，インタビューの際には聞く主導権はインタビュアーにあることを強調する．

　ベテランは責任をもって，その技能を説明する．普段やっている作業を丁寧に漏らさずに話すように努める．聞かれたら，できるだけわかりやすく語り，疑問点の残らないように経験者として経験を語るようにする．ときにはイラストや身振り，手振りで語ってもらう．

　図表 4-24 はインタビューの仕方を具体的に示している．表の左側にある流れ図にあるように［作業の全体把握→手順の書き出し→手順の具体化→ケース分け→確認］の順に聞いていく．作業の全体像の把握では，この作業がどのようなものであるかの概略を聞くことである．

　インタビューの要領は次の 13 の質問が核になる．

❶　何を見ていましたか．どこの部分を見ましたか．

❷　何を見ようとしましたか，どう見ようとしましたか．その手がかりは何ですか．

❸　何を聞きましたか．何を聞こうとしましたか．

❹　どう聞こうとしましたか．手がかりは何ですか．

❺　どう動かしましたか．いつ動こうとしましたか．

❻　どう動こうとしましたか．なぜそのように動かしたのですか．

❼　いつ始めて，いつ止めましたか．

❽　動かし方は何がポイントですか．

❾　何を話ししましたか．なぜ話したのですか．

❿　何を訊ねましたか．何を判断しましたか．

⓫　何を思い浮かべましたか．何を決断しましたか．

⓬　調査している内容は何ですか．何を探索しましたか．

⓭　何を手がかりに診断しましたか．判断しましたか．

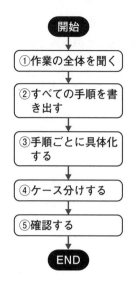

ステップ	具体的な質問の仕方
1　作業の全体の把握をする	1-1　作業の名称を話してください.
	1-2　標準時間はどの程度ですか？
	1-3　この作業はどのような作業ですか，全体を説明してください.
	1-4　最終的にはどのようになれば良いのですか？　到達目標を説明してください.
	1-5　特に難しい部分はどのような点でしょうか？
	1-6　使用する適具，工具，設備をリストアップしてください.
2　手順の書き出しをする	2-1　まず，初めは何をしますか，次にどうしますか？
	2-2　全ての手順が書き上がるまで繰り返す.
3　手順の具体化をする	3-1　具体的なやり方を順に説明してください.
	3-2　なぜ，どうしてそのようにするのですか？（13の質問項目で聞く）
	3-3　もしもうまく行かない場合にはどうしますか？
	3-4　この作業はどのようになれば完了になるですか，その判断基準は何ですか？
	3-5　全ての手順について書き上がるまで繰り返す.
4　ケース分けする	4-1　場合によって異なるとのことですが，どのようなケースがありますか？
	4-2　1つめの場合の特徴は何ですか？
	4-3　1つめの場合はどのように作業しますか？
	4-4　なぜ，どうしてそのようにするのですか？（13の質問項目で聞く）
	4-5　もしもうまく行かない場合にはどうしますか？
	4-6　すべての場合について書き上がるまで繰り返す.
5　確認する	5-1　書き上がった内容を初めから確認してください.
	5-2　すべての内容について確認したら完了とする.

図表4-24　インタビューの流れと質問の仕方(例)

　インタビューに際して次の点について留意して行うとより良いものが得られる.

　1)　不明確な表現や発言, 省略事項があれば修正してもらうようにする.

　2)　アナログな感覚をできるだけデジタルなデータ(数値)にしてもらう.

　3)　詳しく言語化してもらう. このとき, 擬音語や比喩を活用する.

　4)　イラストで説明してもらう.

　5)　電子黒板に書いてもらう.

　6)　疑問点や不自然な作業について確かめる.

　7)　細かな作業の仕方も具体的に説明をしてもらう.

　8)　ベテランの小さな動作も見逃さない.

　9)　疑問を持ちつつ, 好奇心を持って聞いていく.

　10)　動作, 方法, 段取り, 判定・判断……と明らかにする.

　11)　失敗した場合はどうするか聴く.

　12)　「なぜその基準値なのか, それ以上の場合はなぜダメか, それ以下はなぜダメか」と聞く.

　13)　作業を完了するときの判断基準を聴く.

　14)　定量化する問いを使う.

　15)　ケースごとに, その特徴, 方法, 基準, ポイント……と聞いていく.

　16)　ケースに特徴的な違いがあるので, それを明瞭にする.

　17)　ケースの発生する確率がどの程度かを話してもらう.

　18)　ケース発生確率の高い順に書き上げる.

　ケース分けは重要で頻度の高いものから順に書き出す. 通常は 2 ～ 5 ケース程度書き上げることが多い. ケース書き上げは**図表 4-25** のように整理するとよい.

　暗黙知の明確化作業にとって, インタビューはあくまで補助的手段である. この内容を手がかりに実験データを収集して裏づけを得たり, より妥当な方法は何かを検討することでよりよく指導できる.

　暗黙知インタビューの結果は技能分析表の「ポイント・判断基準」と「技能の科学」欄に記載する. また, 写真も挿入してわかりやすく作成する. 技能分析表の最終目的は, この表を見るだけで作業が再現できることである.

ケース	ケースの特徴	方法	基準	ポイント
A				
B				

図表 4-25　ケース書き上げの整理（例）

（7）　暗黙知の保存・蓄積の方法論

　暗黙知として抽出された内容は関連する資料とともに保存する．関連資料とは，暗黙知インタビュービデオ，作業ビデオ，技能分析表，道具・設備の写真，製品や手がかりとなる写真・図面などがある．大量データとして蓄積するよりは，小分けデータとして活用を優先した蓄積が望ましい．記録する際の留意点として以下のものがある．

　①　言語化・記述・表現の方法

　言語化は文章として記載することを必ずしも意味しない．また，文章であったとしても短文に限定したものがよい．目的は，作業の内容が学習者に確実に伝わるような表現や文章であることだ．常に正しいとは限らないが，下記のような表現方法を試すこともよい．

　1）　手順・方法・行動の仕方を表す表現

- 簡潔な表現であること／明解な表現であること／短文であること／省略のないこと／網羅されていること
- 「何を」「〜によって」「どこまで（いつまで，どのようになるまで）」「どうする」を書く

　2）　基準を示す表現

- 数値で表現していること／範囲を示すこと／グレーゾーンの判断基準を示すこと／基準の理由を示すこと／現場的な表現とすること（客観性よりも具体性を優先する）

　3）　程度・加減を表す表現

- 量的加減であれば数量化した表現がよい（「全開よりも 2/3 程度絞る」など）．
- 分量を表す表現は良い（「大匙1杯」「計量カップで 30cc」など）．

- 「わずか, 少し, 多めに」などは明瞭ではないので避ける.
- 「指の腹が凹むか凹まないか程度で」「爪で傷が付く程度で」などとする.
- 質的な加減であれば比喩がよい(「梨地状」「打痕がない」など)
- 1つの言葉でなく, 複数の言葉を使う(「艶々で」「ピカピカ」「一様に輝く」などを併記する)

4)　理由を示す方法
- 「その値以上であると, どうなる」「その値以下であると, どうなる」「根拠は～だからである」と書く.
- 理由は多少, 長文になっても構わない.
- 理由は1つだけとは限らないので, 複数列記することもある.
- できるだけ, 根拠のあるデータをもとにして記載する.

(8)　動画・静止画収録の方法

　いわゆる映像の美しさ, 作業の全体を摑むための紹介ビデオではないことを認識しなければならない. これを誤解しているとマニュアルには使えないものとなる. 同様にして, 単に作業を定点観測したようなビデオに出会うことがあるが, これを見ても得るところは少ない. 次のような配慮をすることで有効な映像を作成できる(**写真 4-4**). 基本的には長まわしの映像を避け, 重要な部分をスポット的に撮影する.

　映像収録の留意点の第一は, 目的を明確にしてその目的に合うものだけが鮮明に記録できるように撮影することである. 無駄な映像, ノイズのある映像, 無意味な映像は記録しない. 基本的に短い時間で最大成果が得られる映像収録を目指すことが重要だ.

　第二は, 作業者と撮影者との一体感をもって共同作業を行うことがよい成果につながる. 作業者の意図が撮影者に伝わること, 撮影者の想いが作業者に理解されるようにしていくことは重要である.

　第三に映像の企画は指導者の立場で行い, 撮影と編集は学習者の立場で行うことが求められる. 常に指導者の立場で行うと, 学習者として見たい場面が見られなくなる.

写真 4-4　作業ビデオの撮影場面 1

　ビデオ映像撮影の前に確かめておくことを整理しよう．ビデオ映像は視角を工夫する．映像は 1 カメラに視野は 1 つしかないのである．そのため，ベストポジションの選定は大事だ．よいポジションが見つからない場合には，作業者の視野をポジションとして設定すると効果的である．また，撮影しづらい場合には，その他の位置から行わざるを得ない．技能を映像化しようとすれば立体感が大事になる．この立体的な把握には正面や真上，真横からの撮影は避ける．経験的には斜め前上方より撮影すると目的どおりの映像が撮れる．逆に正確な角度，寸法，長さなどを収録したい場合には正面や真上，真横がよい．

　ビデオ撮影時のライティングが完全にできるにはかなりの熟練が必要である．しかし，一定の目的のライティングはさほど困難はない．一般に，ハイライトが多すぎると立体感が失われるので，無限遠からの自然光が優れている場合が多い．立体感を出せるようにするには 1 点からの光ではなく，複数点からの光で陰影を考慮する必要がある（写真 4-5）．

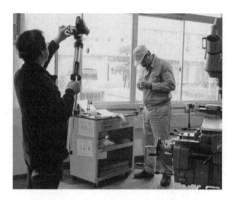

写真4-5　作業ビデオの撮影場面2

＜動画・静止画収録の方法＞

① 撮影前に行う一般的な事項

　作業者の動作範囲や移動エリア，安全上の留意点を確認する必要がある．撮影が開始されると会話ができないので事前に確認しておきたい．「どこから動き始めて，どの範囲に及ぶか」などを知ることが重要である．場合によっては撮影者の足場が確保できないこともあり，自らの動きも想定しておく．映像収録に当たって音や光など特に逃してはならないポイントを確認する．また，作業のミクロな動きや素早い動作，時間経過に伴う作業対象の変化などを確かめておくとよい．作業者が歩行したり，大きく移動することもある．この場合は作業者の背後から追跡して撮影する．作業者や関係者間で撮影時間や休憩の入れ方などの打ち合わせもしておく．

　撮影者は学習者が映像を見て学習することを想定して撮影する．例えば，「見づらい部分はどこか」「拡大できるか」について，作業者側視野から撮影するなどである．

② カメラ位置・移動に関する事項

　ベストな状況で撮影するにはあらかじめ良いカメラ位置にセットする必要がある．この位置と作業者の位置，作業対象の位置の関係を最適状態にできるように把握しておくとよい．カメラ位置は固定式と移動式，両者の併用式の3種がある．

固定式は最適ポジションをセットして，ズームとワイドを活用する．これは安定した画像で，学習者も落ち着いて学習できる．移動式は動作範囲の大きい場合によく用いる．固定していたのでは撮れない部分が多くなるためである．併用式は両者を活用するもので，移動に際しても三脚を取り付けたまま行う．カメラを三脚につけたまま三脚の足を持って頭上から下を映すようにすれば対地距離で3m程度上方から撮影できる．もしも，カメラ位置の判断が困難な場合には作業者の視野(肩越し)から撮影すべきである．ただし，作業者の移動が少ない場合に限られる．

③ リハーサル

準備が整ったら，試しに熟練者にあらかじめ動いてもらって，カメラの映像を確認する．必要に応じて撮影者側からの注文を出す．原則は，不自然なアクションや誇張表現は避けるとよいだろう．運動範囲の大きいものについては目的とする映像の範囲がどの辺にあるかをよく確認するとよい．撮影を開始してからでは変更できない場合が多いからだ．急いでリハーサルをする場合には，大体の流れに沿って動いてもらい，撮影者は留意すべき部分を最終チェックしておく．微音・微光であれば集音マイクやスポットライトなどを使用して補うようにする．

④ 撮影

撮影に当たっては「撮りたいものが収録できること」を原則にして，それ以外のノイズ類(無意味・無関係な音声や映像)を入れてしまわないようにする．撮影が開始されたら撮影者は無声・無音で行動しなければならない．撮影で留意すべきは，対象とする撮影箇所の光である．

撮りたい箇所が鮮明に収録できるように映像を撮影する．また，作業者が緊張して，普段どおりの作業ができない場合がある．例えば，いつもの以上に時間がかかってしまい，成果も良くなかったこともある．高度な技術・技能であればあるほど，集中力が必要となるからである．したがって，作業者をリラックスさせるような配慮も必要となる．

対象とする作業がチームで行う仕事で，複数の作業が同時に平行して進行す

る場合には，撮影は困難を極める．この場合には，どちらか主となる作業に注目して撮影するが，場合によって副作業も撮影しておく．2台のカメラで同時撮影することもよい．この場合には打合せも密に行い，両画面を同期させる工夫をしておくことが大事である．

　作業の進行途中で，決定的なミス，例えば誤った手順や不安全行動が発生した場合にはそこで中止して，協議してからその続きを撮影するか，やり直すようにする．このような柔軟さは欠かせない．

⑤　映像の収録の仕方と工夫

　映像収録の仕方は易しいようで難しいことが多い．しかし，いくつかのポイントさえ押さえておけば効果的な映像を収録できる．

　第一のポイントは，見せる者の意図をしっかりと伝えることである．このためには，映像収録の計画を立てて行うことが求められる．場面，所要時間，主な撮影内容などを計画する．

　第二のポイントは，映像は簡潔明解に見せるべき場面だけを撮ることである．数分の映像で効果が十分果たせる場合が多いからである．このためには，見せるべき場面である技能の分析をしておく必要がある．つまり，映像化には技能分析が欠かせないのである．技能分析用に撮影したものを学習用に再構成すれば能率的に思われるが，学習用としては不適であることが多い．なぜなら適切な技能分析を経たうえで撮影しなければ作業のポイントを網羅することはできないからである．

　第三のポイントは，映像のほうが言葉よりも早く進行するということだ．音声による説明は必要なもの以外は避けたほうが良好である場合が多い．したがって，音声を入れる場合には，最低限のものに絞ることが重要である．学習に視点を移してみれば，ムダな音声は学習の妨げになるようである．

　第四のポイントは，撮影に当たって背景の色にも留意することである．「現象や作業が明確に見えるようにするにはどうすればよいか」を考えることは重要である．背景にまぎらわしい色や，目的とは無関係の景色が入っていると，学習者は集中できないからである．

　第五のポイントは，やむを得ず1つのカメラで撮影する場合には最も効果的

に見られる位置にセットしておいてズーム撮影を利用するとよい．この場合，注意すべきことは映像をあまり動かさないことである．変化の多い映像だと学習者の把握性が劣るからである．また，急速な動きも避ける．拡大して見せる映像のときには，これらのことを特に注意しなければならない．拡大したまま動かすと判読は不可能である．

　第六のポイントは，学習しやすい映像作りを心がけることである．具体的には，「小さければ拡大して見せる」「大きければ縮小して示す」「早すぎればスローで見せる」「遅すぎれば早くする」「ストップモーションを利用する」などであり，このように撮影をして，提示もするとよい．

　第七のポイントは，工程単位もしくは作業単位で撮影してファイルを作ることである．「技能のすべてをまとめて撮影しておいてから，これを編集して学習用に使えばよい」と考えがちであるが，これは意外に時間のロスが多いばかりでなく，期待した映像を得ることはできないからである．

⑥　撮影を終えたら

　その日のうちにインタビューを実施することが最も良い．しかし，事情によっては不可能である場合もあるので，そのときはできるだけ近い日程を設定する．撮影した映像を再生し，ときにストップモーションをかけながら，回答を引き出し，インタビューの模様を別のカメラで収録しておく．このとき，作業者と作業映像の両者が同じ画面に入るように工夫する．インタビューでは，リラックスした雰囲気のもとで，ホワイトボードや電子黒板なども使えるようにする．今日の反省点や，気になることなどから話し始めるとよい．

　作業者が作業を図解する内容は，後でメモを整理する場合に大変有効な情報となるので，書きながら説明してもらう．この内容はデジカメで収録する．

　この日に得た情報をもとにして作成した技能分析表と映像について，作業者から補足説明や，誤りを訂正してもらうのである．これによって技能マニュアルの完成度が高まる．

(9)　データ収録の方法

　組織として映像を収録し，それを蓄積することは前提であるが，その一方で

データは機動的に集めなければならない．そのため，小規模のチームが作業
し，それを集約する方法がよい．大組織を形成して分業するよりは成果が多く
集まるからである．

　データ収録の機材は集中管理をするが，相互に協調的に利用できる体制を組
み上げることが大切である．データ収録の方法については部署ごとに「ガイド
ライン」を定めて共用できる体制を整備するとよい．例えば，動画のファイル
形式やコード番号，製作者番号などが必要になる．

　データの活用は教育訓練用であると同時に他の用途(例えば作業改善など)に
も使えるので，あらかじめ要望をまとめたうえで，最適の仕組みを構築するこ
とが求められる．

（10）　暗黙知学習教材の構成法

　暗黙知学習に必要な教材には，下記の内容がある．
　　①　工程別に撮影された作業の実写動画
　　②　作業の核心部分の動画および解説(暗黙知を表現した内容)
　　③　作業に関する場所や設備，道具など空間の状況を説明する内容
　　④　暗黙知を体験・経験できる実物もしくはシミュレーション教材
　これらの内容を学習課題に合わせて，学習教材を構成する．

　課題内容は暗黙知の大きさ，学習困難度に応じて複数設定するとよい．自学
自習用に構成すれば，技能マニュアルとなり，SJT 訓練による学習もできる
ようになる．

（11）　暗黙知を表現できない場合の克服の仕方

　暗黙知は明確化できるが，表現はできないということは当然ある．できる限
り表現するように努めても，それには限界がある．体で保持しているものは言
語化しにくいからである．また，判断や処理推理も同様である．この場合には
言語以外の手段で表現すればよい．その方法としては，①シンボル中心の方法
と，②リアル中心の方法がある．

　言語のようなシンボル中心の方法では，言語が他者と同じ理解になることが
前提となっている．リアル中心の方法では，現象の再現性が関係している．再

現が不可能な場合には模擬的な再現がよい．表現の可能・不可能と事象の再現には直接的には関係はない．重要なのは表現の精度である．表現はあくまでも情報の共有の一手段であるからだ．

表現が困難な場合の対策として，次のような方法が効果がある．

① 考え方・思考のパターンの明瞭化による解決

個々の具体的な行動に注目するのではなく，考え方や基本的な思考パターンを明確にすることで，暗黙知そのものは表現できないがその関係内容は説明はできる状態にする．

② 感覚・感性の基準獲得による解決

（音，振動，体圧，熱感覚などについて）基準を選び，その基準を認識することで，対象を類推する方法が効果を挙げることがある．

③ 作業の成功確率を向上させる解決

ＡとＢの方法があるとき，「成功確率を上げるのはいずれか」「それはなぜか」を分析すると暗黙知を説明できる場合がある．逆に，不成功率（失敗率）を検討することでもよい．

技術・技能に含まれる暗黙知は，技術・技能教育の核心部分でもある．この内容を表現できる・できないにかかわらず明確化することは避けられない．これに成功するためには多くの経験と努力によってより良い内容へと進化すると考えられる．

第5章
能力管理の推進モデル

これまでに述べてきた内容を具体的に推進するモデルを紹介しよう．能力管理は扱う内容が多いので，一連の流れで整理し，時系列で展開する工夫が必要になる．能力管理のすべてのプロセスを包含し，かつ，相互に補完し合えるように設定したシステムを構築した．名称は「現場力向上 NAVI システム」である．この内容は第6章の実践事例と合わせて読むことで具体的な姿を見ることができる．

5-1　能力管理による能力開発の推進プラン

能力管理を実際に展開するプログラム例を図表5-1 に示した．これは最も一般的なプログラムである．最近，筆者が手がけている技術・技能指導は図表5-1 の流れで展開し，いずれも顕著な成果を生み出している．このプログラム案はモデルとして6カ月程度の日程で進行させるようにしたものである．テーマの内容によっては省略する部分もあり，また，部分的に詳細に行うべき箇所もあるが，臨機応変に対応させている．これまで多くの事業所などで展開しているものである．

図表5-1 では，4月にスタートして，9月に完了するスケジュールとして設定した．毎月2日間程度の作業日程を組むことを前提にして描かれている．

4月は企画立案とその計画的・組織的展開のための土台づくりの期間である．5月と6月は能力マップと暗黙知の明確化を中心にした活動である．7月以降は技術・技能指導の準備期間となる．8月はトライアルをして実績が出るかどうかを判定する．このとき何か不足があれば改善して良質のものにする．これらが完了する9月には検証結果もまとまり，活動全体の振り返りの時期となる．図表5-1 のプランの期間は，実質的に5カ月となる．以下，各月の流れ

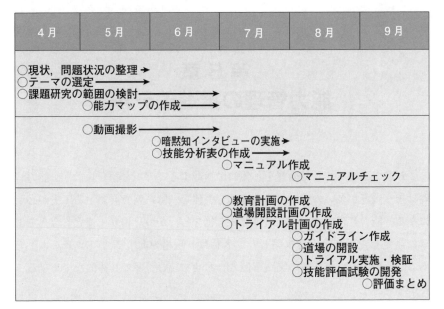

図表 5-1　能力開発の推進プラン（例）

について時系列で詳細に説明しよう．

4月

　初めの活動は問題の共有と問題点の整理，最終ターゲットの設定が中心になる．この活動で解決すべきテーマがシャープに絞り込めれば最終成果の到達可能性が上がる．不明瞭であるほど時間とコストがかかり，到達度も思わしくなくなる．極めて大事な活動が冒頭に来る．行うべき内容は以下の3点である．これらの成果・結果をもとにして計画を作成する．

①　**現状，問題状況の整理**：組織や事業所が抱えている問題をリストアップし，優先すべき解決課題を明瞭にする．場合によっては問題が発生している現場を訪問して，当事者の方々とのコミュニケーションを行う．このとき，大切なことは客観的な指標やデータをもとにしながら，「どこまでが明瞭で，どこが不明瞭か」を明らかにすることである．日々の活動で情報の整理がなく，混沌としている場合が多く見られる．場合によっては悲観的な見解をもち，打算的な気分が漂うこともある．しか

し，これに打ち勝つ方法は必ずある．これまでと異なる視点で提案することで，前向きの姿勢に変わることはよくある．目先の問題で攪乱させられているケースは多い．一般に技術者集団は技術的な解決を望む一方で，それには限界があることも気づいている．能力管理の視点で検討をすることで新たな取組みにチャレンジする雰囲気が生まれれば初動に成功できる．

② **テーマの選定**：テーマ設定をすることで，やることとやらないことを仕分ける．一般的に発生している問題についてはすべてやりたくなるものだが，テーマを広げすぎると実行上の負荷もあり，できるかどうかが懸念される．実現性のある範囲内のテーマが当面の着地点となる．テーマの審議で大切なことは実現するための具体的な方法があるか否かである．方法の見通しが立つテーマ設定は到達度，達成度も高くなる．抽象的で曖昧さの多い方法案のままスタートすると中間評価で計画の変更を迫られたり，計画を縮小せざるを得ない場面も出てくる．プロジェクターで，討論の過程を記録しながらまとめるとよい．

③ **課題研究の範囲の検討**：能力管理を進める際に「どこまでの範囲を扱うか」を選択する必要がある．多数の対象者に実施する場合には段階的に行う必要がある．このとき取り上げる能力内容の範囲も特定する．時期については，取組みやすい時期を狙って設定する．このようにすることでより現実的な課題研究が進められる．

5 月

能力管理の実践はこの時期から本格的に進められる．職場の必要能力の書き上げと職員の能力評価を行い，能力マップができ上がる．これを用いて「どの能力項目を能力開発の対象とするか」を選定する．選定された内容について技能指導であれば作業の動画を撮影をする．撮影する内容は作業の核心部分について理解しやすいように撮影することになる．この動画は暗黙知インタビューを実践するに欠かせない素材となり，また技能マニュアルの内容を構成することになる．

① **能力マップの作成**：テーマに合わせて能力項目を書き上げる作業とな

るが，「どの職場の誰を集めて作業するか」を決める必要がある．その
作業をよく知る人が1職場当たり5〜6人程度集まり，6時間程度の作
業で職場の能力マップが作成できる．全社的に展開する場合には，複数
の職場を同時に扱うことで時間の節約になる．能力マップの作成方法は
職場による違いがないので，6職場程度まで同時に実施可能である．ま
た，6時間を2分割して2日に分けて実施することもよい．対象とする
テーマが狭ければ狭いほど能力項目を精細に書き上げ可能である．精細
な能力項目リストは能力開発に実施のしやすさにつながっている．

② **動画撮影**：動画の撮影には，撮影者と作業者の2名は最低限必要であ
り，また必要な機材と場所は撮影の当日までに用意しておく．実際に撮
影する時間は作業時間と同じではなく，通常は分割して撮影する．現場
で行う事前の撮影の打合せが重要である．特に「カンドコロがどこにあ
るか」「映像としてとらえるにはどの部分をどの角度から撮影すべき
か」を打ち合わせる．テーマによっては複数のケースをまとめて撮影す
ることもある．短い時間のなかで作業の核心部分を網羅した映像を得る
ためには段取りよく進める必要がある．不安全行為の混入や，ミスやト
ラブルが生じないように綿密な計画と打合せをしておくことが求められ
る．

6月

① **暗黙知インタビューの実施**：暗黙知を明らかにするために行うインタ
ビューは，簡単そうに見えて難しい作業である．動画を見ながらベテラ
ンから作業のカンドコロを引き出す取組みである．インタビューの際に
は，パソコンは2台用意して1台は動画，もう1台は技能分析表をプロ
ジェクターで投影する．動画はインタビュアーが操作し，別の担当者が
技能分析表の入力作業を行う．これにベテランが同席すれば作業を進め
ることができる．最低限3名いればよいのだが，インタビュアーの役割
の人が複数いるとよりよい成果が得られる．さまざまな観点から一つの
現象，一つの作業について質問することできめ細かく，かつ精細に書き
上げることができる．

　インタビューの所要時間は作業時間の3倍程度必要になる．したがって，特に暗黙知の少ないもしくは全くない作業箇所については飛ばして，暗黙知の多い部分に時間を投入することが得策である．

　長時間のインタビューはベテランもインタビュアーも疲労するので，いくつかに分割して進めることが望ましい．

② **技能分析表の作成**：技能指導で役立つ技能分析表は省略がなく，精細な内容記述であることだ．初学者が学習するうえでの手引きとなるように，わかりやすく丁寧に記載していく．技能分析表の入力作業者は慣れてくると，インタビュアーが文章を整理する前に文案を提示してくれることがあるが，これは能率的に進行するうえで欠かせない．インタビュアーとベテランの発言を聴いていて技能分析表の文章に翻訳するのだ．文体は簡潔明解な文章にする力と必要事項を網羅できるセンスがある人がいると進行はより早くなる．

7 月

① **技能マニュアル作成**：これまではベテランのもつ作業のカンドコロを明確にする取組みであったが，技能マニュアル作成からは技能指導に向けての準備作業になる．学習者の立場で「どのようなことを知れば，あるいは理解できれば習得できるか」の観点から作業をすることになる．文字情報，イラスト，写真(静止画)，動画を駆使して適材適所で採用しマニュアルを作成していく．この場合，余裕があれば複数の作業者がマニュアルの作成に取り組み，それぞれの担当箇所を合体させることで能率を上げることができる．望ましいのは，作業テーマごとに分割して責任編集とし，相互に批評討議しながら切磋琢磨していくことが良い結果をもたらす．作成が完了したら，まずベテランに見てもらい，不足点や間違いがあれば修正する．作成の途中で感じた疑問などにも応えることで内容を補強するとよい．さらに，作成者以外の作業者の方々にも見てもらい，修正すべき点を指摘してもらう．このようにして徐々にマニュアルの完成度を上げていく．

② **教育計画の作成**：技能マニュアルを使用して技能指導を行う計画であ

る．教育計画は「誰が誰に，何を，どこまで，どのように，どの程度，どこで，何を用いて，いつ指導するか」を検討し，具体的に展開できるようにまとめる．すでに能力マップで「誰に，何を，どこまで，どの程度」がわかっているので，後は「どこで，どのように，何を用いて，誰が，いつ指導するか」を決めればよい．「誰が」については能力マップによって指導者の候補が示されている．これ以外の計画項目については指導者を中心に調整することで教育計画が完成する．

③　**道場開設計画の作成**：教育計画の「どこで」は，通常，技能教育道場になる．技能マニュアルおよび，その技能指導に必要な機材や材料などを1カ所(事情が許せば，学習に最適な場所とする)に用意できれば，そこが技能教育道場となる．開設の時期は教育計画に合わせて，準備を進める．教材は技能マニュアルがあるので，学習者がこれを見ながら練習できる環境を作ることである．道場開設での問題は「教育の効果の上がる条件を整備できるか」にかかっている．実際の職場と同じ状況に整備できることが課題となる．場所，機材，材料，練習課題などが揃えば準備は完了する．

④　**トライアル計画の作成**：本格的に指導する前にトライアルをする．この教材(技能マニュアル，練習課題，機材など)で一通り指導を実施してその効果をあらかじめ検証するのである．このときに，「学習時間はどの程度要するか」「わかりづらい点はないか」「マニュアルの不備・改善点などのデータを収集する．そのため，トライアルの実施計画を作成する際には本格実施ほどではないが十分な準備が求められる．

8月

①　**ガイドライン作成**：4カ月間の取組みをもとにして能力開発ガイドラインを作成する．このとき，能力開発に関する計画書や実施要領をまとめて関係者で共有する．このなかには指導者や学習者の活動および成果確認の方法などが記載されている．

②　**道場の開設**：学習の場としての道場をセッティングする．この道場が機能するようにすべての機材他が用意される．関係者によって道場の使

用ルールを確認し，効果的な運用ができるように打合せする.

③ **トライアル実施・検討**：トライアル計画にもとづき実施する．トライアルで確認することは「1)実施の容易さ・使いやすさ，2)予定した成果の到達度，3)教材，道場機材などの不備のチェックと改善提案，4)学習者による道場・プログラムなどの評価」である．また，この他に管理上の問題点なども検討する.

④ **技能評価試験の開発**：能力管理で重要なことは予定した学習成果に到達した場合のインセンティブである．技能評価試験制度によって資格制度と結びつけて能力管理の一環に位置づけることができる．また，社内認定制度のように有資格者でないとその作業に従事できない方法もある．能力マップによる能力の向上を確認する方法もあるが，積極的に評価制度として確立していくやり方もよい．能力マップの能力評価項目を組み合わせて評価課題を開発することで制度化への有力なデータを提供できる.

9月

○ **評価まとめ**：「当初予定していた課題解決がどの程度達成できたか」についてデータを添えてまとめる．「この取組みを継続するか否か」「方向転換するかどうか」「横展開を図ることをねらうかどうか」など今後のあり方について評価まとめをする．一般に活動に着手することは簡単でも，評価まとめをすることはなかなか行われないのが通常である．能力管理で大切なことは，全社的に同じ考え方を共有すること，また優れた実践をしているのであれば，組織展開するための必要な提言を行うことである.

　図表5-1を実行してみて筆者が感じたのは，「その企業，その工場の体質もあり，どのようなスタイルが最もなじむかは異なる」ということである．組織の体質・文化に合わせた最も効果的な推進プログラムを採用するとよい．能力管理はこのようなモデルを基礎にして具体化，実質化することで多くの関係者が納得し，推進する体制を創り上げることで成果も期待できる.

5-2　能力管理で実現する人材育成モデル 「現場力向上 NAVI システム」

　能力管理には推進センターとなるようなコントロールタワーが必要である．本章で紹介する「現場力向上 NAVI システム」(以下，NAVI システム)はこのために考え出された．NAVI システムはすでに共同研究で製作し，稼働している．このシステムには本書で扱ってきたすべての内容が含まれている．この活用事例を紹介したい．なお，製作するプロセスは 5-1 節で述べたモデルによる．

（1）　NAVI システムのコンセプト

　NAVI システムは，人材育成・企業内教育で必要となる 4 つの機能で構成している．図表 5-2 に NAVI システムは今どのような状態かを明らかにする診断機能，能力を向上させる向上機能，向上したかどうかを判定する検証機能，そして，これからの能力に関する予測機能から構成される．

　図表 5-3 は NAVI システムの全体像である．人材育成の結果，現場力が向上することで企業活動に貢献するこのシステムにより，経営の今日的課題に即応し，社員の能力を向上させ，職場改革と課題解決を進めることが可能となる．

　組織は常に経営環境の変化に囲まれている．例えば，組織の変更，仕事の多様化，省力化ニーズなどである．このような環境のもとで掲げた経営方針を具

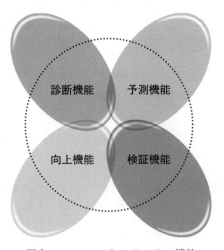

図表 5-2　NAVI システムの 4 機能

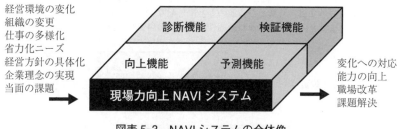

図表 5-3　NAVI システムの全体像

体化し，企業理念の実現を図るのである．当面解決すべき課題も少なくないと
すればどう能力管理から解決に貢献できるだろうか．

　これまでバラバラに行ってきた能力開発や人材育成の取組みを1つの考え方
で整理してより有効に機能できる姿を描くことにした．それがNAVIシステ
ムである．このシステムを通じて組織がもつ過去の資源も未来の資源も整理・
統合して，組織が変化に対応するのをサポートしたいと考えている．なぜな
ら，NAVIシステムは個々人の能力の向上をもたらし，職場の改革につなが
り，個々の課題解決を可能にするからだ．

(2)　NAVI システムの目的と特徴

　NAVIシステムの特徴は，個々の機能が相互に関連しあって最大の効果をも
たらすことである．現場力を継続的に維持・管理する「能力開発システム」と
言い換えることもできる．企業にとって，現場力の安定的な確保は生産性の向
上に欠かせない．とりわけ，高度な技術・技能が要求される部署はなおさらで
ある．このシステムはまた，合理的な能力管理の仕組みを提供する．いわば能
力開発プラットフォームをイメージしている．従来から取り組んできた能力開
発の資源をNAVIシステム上に再配置することで，そのすべてを生かすこと
ができる．例えば，能力開発に関係した図書や文書，機材などもこのプラット
フォーム上に配置する．これまで使用してきた作業手順書やOJT指導書，力
量考課表なども形を変えながら使いやすい形で配置できる．これらの内容は単
一の目的，単一の機能である場合が多く，他との関連性や拡張性などは考慮さ
れてこなかったものばかりである．そのため，NAVIシステムの柔軟性・適応

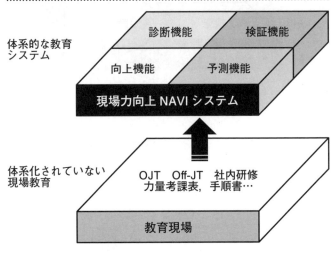

従来の各文書にも新たな機能のもとに再配置することでシステムの
一部にでき，より柔軟かつ適応性の高い能力開発を可能とする．

体系的な教育
システム

診断機能　　検証機能

向上機能　　予測機能

現場力向上 NAVI システム

体系化されていない
現場教育

OJT　Off-JT　社内研修
力量考課表，手順書…

教育現場

図表 5-4　従来の現場教育から NAVI システムへの移行イメージ

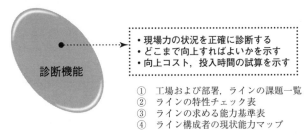

診断機能

・現場力の状況を正確に診断する
・どこまで向上すればよいかを示す
・向上コスト，投入時間の試算を示す

① 工場および部署，ラインの課題一覧
② ラインの特性チェック表
③ ラインの求める能力基準表
④ ライン構成者の現状能力マップ

図表 5-5　診断機能

性は高い（**図表 5-4**）．

（3）　NAVI システムが保有する 4 機能

　NAVI システムには能力管理で必要な機能をすべて搭載している．これらの
機能を詳しく紹介しよう．

　1 つめは診断機能である（**図表 5-5**）．これは現場力の状況を正確に診断し，
診断結果からどこまで現場力を向上すべきかを示し，そのためのコスト・時間

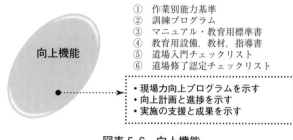

向上機能
① 作業別能力基準
② 訓練プログラム
③ マニュアル・教育用標準書
④ 教育用設備，教材，指導書
⑤ 道場入門チェックリスト
⑥ 道場修了認定チェックリスト

・現場力向上プログラムを示す
・向上計画と進捗を示す
・実施の支援と成果を示す

図表 5-6　向上機能

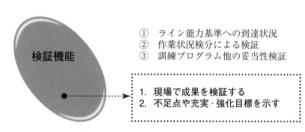

検証機能
① ライン能力基準への到達状況
② 作業状況検分による検証
③ 訓練プログラム他の妥当性検証

1. 現場で成果を検証する
2. 不足点や充実・強化目標を示す

図表 5-7　検証機能

の試算まで行う．このために工場別，部署別，ライン別の課題一覧をデータとして収録する．また，ラインの特性チェック表，能力基準表，現状能力マップも同時に収録する．

　2つめは向上機能（**図表 5-6**）である．現場力を伸ばす能力開発プログラムを示し，能力向上のための計画と進捗状況を示す．さらに，この計画を実施するに際しての支援と成果を整理する機能をもつ．このためには作業別の能力基準や訓練プログラム，マニュアル・教育用手順書，教育用設備・教材・指導書，道場入門チェックリスト，道場修了認定チェックリストを収録する．

　3つめは検証機能（**図表 5-7**）である．現場で成果を検証し，個々の不足点や充実・強化目標を示す．これによって新たな展開への方向性につなげることが可能となる．このためにはライン能力基準への到達状況，作業状況検分による検証，訓練プログラム他の妥当性検証の結果などを収録する．

　4つめは予測機能（**図表 5-8**）である．これからの業務成果の見通しを示し，ベンチマークを指定することで変化を予測し，現場力の未来シミュレーションを示す．このとき，目標とする現場力を達成したときの効果の予測，あるいは目標が達成できなかったときのダメージの予測を含む総合的な予測を収録する．

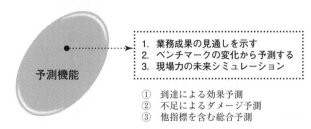

予測機能

1. 業務成果の見通しを示す
2. ベンチマークの変化から予測する
3. 現場力の未来シミュレーション

① 到達による効果予測
② 不足によるダメージ予測
③ 他指標を含む総合予測

図表 5-8　予測機能

(4)　NAVI システム導入による効果

システム導入による効果は，次の4点を挙げることができる．

第一は現場力の現状に合わせて，ムリ，ムダ，ムラのない能力管理を行うことができる点だ．常に現状を把握し，人材育成の進捗と成果管理ができるからである．

第二は最小コストで最大パフォーマンスを確保できる点である．必要なコンテンツだけを集中管理できるからである．

第三は ISO の管理サイクルに合わせて管理できる点だ．このシステムそのものが ISO と共通した構成のため，二度手間にならないのである．

第四は，これらの結果として，安定的な生産体制を未来にわたって保証し，発展させることができる点である．すべての機能がこの目的の下に編成されているからだ．

(5)　NAVI システムの構成

NAVI システムは1台の専用パソコン上に設置してもよいが，社内の複数個所からアクセスして活用できるように，イントラネット上に乗せることが機能的である．さらに，クラウド上に開設すれば社内のどこからでもアクセスできるのでより使い勝手がよくなる．iPad のようなタブレット型 PC があれば現場で確認したり，学習することも可能だ．

通常，NAVI システムは2系統のクラウドで構成する．**図表 5-9** にその構成を示した．系統 A は NAVI 群(診断，検証および予測に関するもの)である．これは主に管理用・企画用にシステムが構成されている．内容は，診断および検証，能力マップ，到達度，教育計画，予測データなどが搭載されている．系

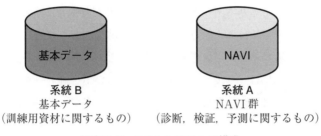

図表 5-9　NAVI システムの構成

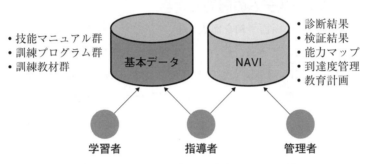

図表 5-10　NAVI システムの内容とアクセス権

統 B は基本データ（訓練用資材に関するもの）で，能力開発の資源（すべての標準作業書，技能マニュアル群，訓練プログラム群，訓練教材群など）が格納されている．

　実際の教育および指導では，これら 2 つのクラウドにアクセスして推進する．この他に訓練用資材や設備などを備える「技能教育道場」が開設されていれば，効果的に学習を進めることができる．道場は生産ラインの脇にあってもよく，関連する資材・道具などを整理し格納してあればいつでも教育できるようになる．

　図表 5-10 は NAVI システムの内容とアクセス権限を示している．作業者（学習者）は基本データにアクセスして各種のテキストや技能マニュアル，訓練プログラムを参照することができる．訓練期間中やフォローアップ期間中はいつでも，関連するデータにアクセスして学習できる．また，試験問題や実技課題，自己評価チェックリストなどもこのなかに入っているので，訓練が完了したら提出する．指導者は基本データから，学習者と同じデータを参照しながら

指導すればよく，この基本データにある指導案集や指導用教材を使用して指導できる．また，NAVIにある能力マップや検証結果などを参照して訓練全体を管理できるし，職場の上司や管理者は「部下がどの位置にいるか」をいつでも参照できる．さらには，今後の見通しや計画について予測データを見ながら，経営管理に生かすことができる．管理者は必要に応じて，NAVIにアクセスするだけでよい．

(6)　NAVIシステムの画面と内容

　NAVIシステムの画面の例を図表5-11に示した．目次から，すべてのコンテンツに入ることができる．総合NAVI画面から機能別の内容を参照する．この他に部署別NAVI，個人別NAVIで状況が把握できるようになっている．コンテンツ一覧からは能力マップ，OJT指導ガイドラインなど多くの情報が参照可能である．

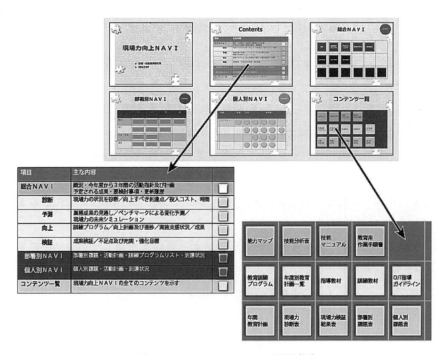

図表5-11　NAVIシステムの画面（例）

5-3 現場力向上NAVIシステム構築のプロセス

NAVIシステムは，基本的にはオーダーメイドで開発・設置するものである．既製のものを購入して設置するのではなく，各組織に合わせて製作し運用するものである．そのため，この開発には能力開発に関する多くのノウハウや知見を活用するために多少の時間がかかる．コンサルタントに製作を依頼して設置できるものでもない．他人に任せても形はできるが効果の上がる内容に仕上げるのは難しいからである．能力開発の担当部署を中心にして，全社員に一定の取り組みを求めて初めてNAVIシステムは構築できる．

NAVIシステムの構築・稼動までの工程は次の5工程である．なお，これらの工程は5-1節で述べた推進モデルを適用したものである．

① システム設計
② 日程計画と作業工程表の決定
③ 作業開始と中間評価
④ 作業完了と最終チェック
⑤ 運用トライアルチェック

まず，対象とする業務範囲や人員を決定する．「どこまでの範囲をこのNAVIシステムに載せるか」を決め，NAVIシステム全体の基本設計を行っていく．この際に重要なことは組織の課題や人材育成上の問題を適切に捉えて，それらを解決できるようなシステムをつくり上げることである．これ以降は計画を作成し，この計画に従って作業を開始する．この際には，組織内にNAVIシステム構築チーム」を設置して，作業を進める．その後，中間評価，最終評価を経て運用トライアルを行い，修正個所や不具合がなければ運用となる．

NAVIシステムの開発・設置はどのような業種・業界であっても可能である．例えば，メンテナンス業，製造業，サービス業，自治体，団体など多様な展開が可能である．また，事業所規模も問わず対応できる．300〜500名規模の会社もしくは工場・事業所の場合が最もコストパフォーマンスが高いと推測されるものの，どのような規模でも，規模に応じて最適にデザインされたNAVIシステムを作れば，より良いものができるだろう．

5-4　現場力向上 NAVI システムの活用

　NAVI システムは特定の人に負荷がかからず，指導者が学習の必要な人材を指導することを前提にしている．だから，日常業務の一環として，実施すればよい．NAVI システムは使いながら，入力したり改訂したりすることでいつも最新版が見えるようにしてある．基本的には社員全員が何らかのかかわりをもちながら NAVI システムと向かい合うことになる．

　管理者，指導者，学習者という区分で，「NAVI システムをどのように活用するか」について図表5-12に例示した．ここに掲げたのは一例であるが，こ

図表 5-12　管理者，指導者，学習者別の NAVI システムの活用法（例）

（1）　管理者	① 職場の現状・課題を把握する ② 経営方針から教育方針をつくる ③ 教育計画をつくる ④ 部門別・個人別に教育計画の進捗を管理する ⑤ 教育予算をつくる ⑥ 指導者の手配をする ⑦ 能力マップの改訂を指示する ⑧ 生産計画と教育計画の関連を見る
（2）　指導者	① 教育の準備をする ② 学習者に教育期間・場所などを通知する ③ 指導案をつくる ④ 指導する ⑤ 学習者を評価する ⑥ 教育計画の進捗を管理する ⑦ 教育計画をつくる ⑧ 技能マニュアルの改訂をする ⑨ 教育用作業標準書を改訂・追加する．
（3）　学習者	① 職場の現状・課題を把握する ② 教育方針を知る ③ 教育計画を知る ④ 予習・復習・練習をする ⑤ 指導を受ける ⑥ 質問をする ⑦ 評価を受ける ⑧ 自己評価を提出する

の他に多くの活用場面が想定できる．工夫次第で活用範囲は広がるだろう．

　以上，述べてきたように，NAVI システムは現場の能力開発を進めるうえ
で，必要に応じて開発してきたツール群を集大成したものである．古い現場教
育ではこれらのツール群の間に何の関連もなかったが，筆者が技術・技能伝承
セミナーや企業のコンサルテーションをするうちに，次第にその関連性が見え
たため，一つのシステムとして構成できたのである．第 6 章では「この NAVI
システムが実務でどのように役立つのか」という実例を解説する．

第6章
能力管理の実際（事例編）
現場力向上NAVIシステムによる能力管理の実践
～鉄道施設設備メンテナンス企業との共同研究から～

　能力管理は必要に応じてすぐに取り組むことができる．この取組みを確実な成果に結びつけるには実践事例を見ることが近道であろう．

　この取組みは鉄道施設設備メンテナンス企業と筆者とで行った共同研究である．本書の第1章から第5章までの内容のすべてが凝縮して示されている．

6-1　現場力向上NAVIシステム開発の経過
（1）　共同研究の目的

　計画的に最大の効果を得るような能力開発にするためのツールとして，「現場力向上NAVIシステム」（以下，NAVIシステム）を提案した．これは社内の人材育成や技術・技能伝承を効果的に進め，活動評価に至るまでのプロセスすべてをコントロールするセンター機能として確立することを目指したものであり，組織内の能力管理の柱となるシステムである．

　この「NAVIシステム構想」を鉄道施設設備メンテナンス企業と㈱技術・技能教育研究所との共同研究によって具体化することにした（写真6-1）．この研究ではNAVIシステムの実践事例を構築し，その効果を検証することを当面の目的とした．

（2）　研究開発期間および場所

　2012年8月から，2013年7月までの1年間を設定した．実施対象事業所は2カ所とし，他の3事業所は取り組み状況を学習することとした．事業所と技術技能教育研究所の共同作業日程は毎月4日間である．

写真 6-1　NAVI 活動の研修会

（3）　開発内容および仕様

開発した NAVI システムは下記の内容で構成していた.

① 　NAVI システム一式（診断，向上，検証，予測の 4 機能を有するシステムパッケージ）

② 　技能マニュアル 10 本，技能教育道場一式 10 セット

③ 　モデル事業所（A 事業所と B 事業所を設定）社員全員の能力マップ及び多能工化シミュレーション一式

④ 　6 カ月ごとの人材育成診断結果とその分析

⑤ 　モデル事業所で使用している全作業手順書の収集と評価結果

⑥ 　リーダー養成講座の開発と資材一式（手順書作成講座，クドバス講座）

⑦ 　教育計画書作成支援ツール一式

以上のほかに，付随するコンポーネントを開発した.

（4）　研究開発経過

研究開発は下記のチームで推進した.

① 　モデル事業所の活動：能力開発に関する情報提供，課題の整理，クドバス作業，データの整理，技能マニュアル素材の作成および提供，技能分析表の共同作成，診断・検証の実施，技能教育道場の開設教育の実施，報告会発表

② 　技術・技能教育研究所の活動：データの整理とコンポーネントの作成

作業，技能マニュアル・能力マップ作成の技術指導と促進，オフィスア
ワーによる相談・指導，研修会・報告会の指導，リーダー養成講座の開
発と研修指導，NAVI システムの開発作業

③　本社の活動：活動全体のコントロール，モデル事業所への指示・支
援，リーダー養成講座研修・研究大会の企画と実施

④　他事業所の活動：必要に応じて研修会，チーム作業の見学(ギャラリ
ー活動)，オフィスアワー利用による活動の改善，報告会発表

活動内容の進捗と成果は，中間報告会および最終報告会で報告した．

(5)　研究開発成果

研究開発成果は下記のように整理できる．開発結果は現物を除いてすべてソ
フトウェア(合計 68GB)で構成し，一つのハードディスク(150GB)に収納した．

①　人材育成診断表を考案し，6 カ月ごとに 1 回実施し，年間 3 回の診断
結果を提示した．

②　能力マップ(A 事業所 8 マップ，B 事業所 23 マップ)合計 31 マップを
作成した．

③　能力マップの分析にもとづく教育計画作成ツール 30 本を作成した．

④　技能マニュアル(A 事業所 5，B 事業所 5)合計 10 本を作成した．

⑤　A 事業所と B 事業所の保有する全作業手順書を評価し，能力管理の
観点から改善点を指摘した．

⑥　教育用手順書作成講座をリーダー養成プログラムとして開発し，実施
した．

⑦　技能教育道場訓練プログラムをテーマごとに 2 ～ 3 プログラム作成し
た．

⑧　技能教育道場(A 事業所 5，B 事業所 5)を開設し，合計 10 道場をオー
プンした．

⑨　技能教育道場による教育の効果検証を指導し，これを評価結果にまと
めた．

⑩　教育用テキスト・図書類の整備を指導した．

⑪　人材育成委員会による NAVI システムの今後の運用を提案した．

⑫ 多能工化・高度熟練化シミュレーションを開発した.

⑬ OJT ガイドラインを提案した.

以上の内容を NAVI システムに挿入し，構成した.

6-2 現場力向上 NAVI システムによる教育
（1） 技能教育道場のトライアル成果

　最終報告会では A 事業所と B 事業所から技能教育道場を使用してのトライアル結果について報告があった（**写真 6-2**）．これによると，「これまで 6 カ月近く要していた OJT 教育が 2 日〜 16 日程度の教育期間で完了した」とのことである．これらは「①集中教育による効果，②技能マニュアル他の道場設備，③指導者の工夫と熱意，④学習者の意欲」が相まって結果に結びついたと推測でき，到達レベルが「一人前」とされる部分に限定したとしても十分な結果と判断できる．

　今回の NAVI システムでは，一人前より上級のクラスの養成はもともと意図していない．なぜなら，ここからが具体的で実践的な学習の段階になり，OJT やコーチングのような個別指導への移行が効果を発揮すると考えられるからである．従来はこの段階までの教育に多大な時間を要していた．費用対効果を考えるとき，1 つの技能教育道場を 1 人の学習者で終わらせることは極めてロスの多い運用の仕方である．したがって，一人前を多数養成することを目標に設定していた．

写真 6-2　技能教育道場の訓練風景

(2)　全職場の能力マップの活用

　能力マップ作成では，全職場の職員に対してすべての技術・技能を書き出すように依頼し実際に活動したため，過去にはあり得ないほどの場面で利用できるようになった．例えば，転勤や，ローテーション，教育計画の立案，職場の人材活用，プロジェクトチーム組織化の場面などである．これらを利用した教育計画の作成を支援するツールやシミュレーションを活用することで，工夫ある人材育成に結びつけることができるようになった．

(3)　現場力向上 NAVI システムによる能力管理

　NAVI システムは，人間とシステムとの共同作業で成果や結果がもたらされるように設計されている．なぜなら，自動化されて出力がすぐに出るほど，技術・技能教育は単純ではないからである．人工知能やその考え方を導入したとしてもシステム構築には困難があろう．システムの運用に当たっては，かかわる者すべてが教育の本質を考えて，活用することが求められる．

6-3　現場力向上 NAVI システムの全体構成

　NAVI システムでは，表紙頁の次にコンテンツ頁が表示される．この頁のボタンを押すと図表 6-1 に示すように「総合 NAVI」「診断」「予測」「向上」「検証」「コンテンツ一覧」の頁が表示される[1]．

6-4　検証機能の内容

　検証機能では全職員の能力マップと，技能教育道場の教育効果・成果を評価する内容で構成している．

(1)　能力マップの作成と活用

　検証機能の表紙頁の次に続く頁には，能力マップ(図表 6-2)の目次が表示される．この能力マップによって，各事業所の各グループに所属する人材の能力保有状況をマップで表し，現状を把握できるので，これを用いて教育計画の作

---

1)　NAVI システムは主に Power Point で作成されている．コンテンツは PDF，Excel，MP4 動画ファイル，Power Point で構成し，表紙頁からボタンで開くことができる．

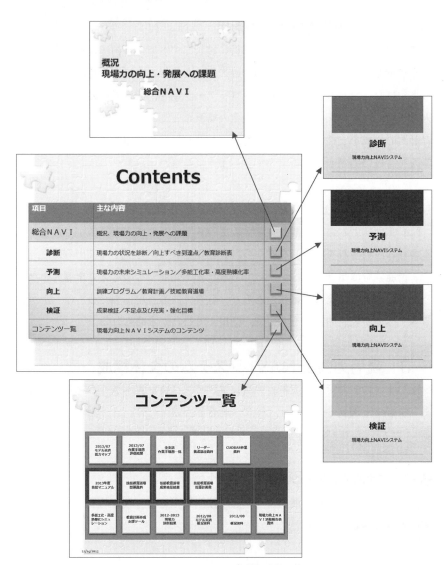

注）　コンテンツの右欄にあるボタンをクリックするとそれぞれの内容が開くように設定
　　　してある.

図表6-1　NAVIシステムのコンテンツ（例）

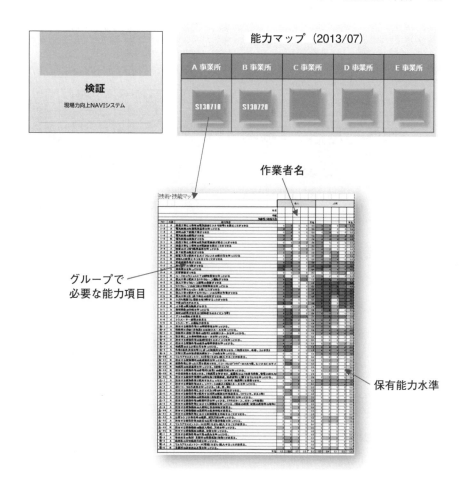

注) 各事業所のボタンをクリックすると能力マップ Excel ファイルが開く.

図表 6-2 能力マップの(例)

成,教育効果の検証,職場改善などを行う.今回のクドバス作業では能力マップの対象を各グループで扱う仕事およびその仕事に必要な能力項目のすべてとした.

能力マップはクドバス手法で作成している.**図表 6-3** に構成と読み方を示した.図の左側にあるカード番号,例えば,「1-1」とは仕事番号 1 の一番目の能力項目を示している.仕事番号が小さいほど重要な仕事を表している.また,

＊能力水準：ABC で表す．「A は非常
　に重要，B は普通，C は重要ではない」
　を表す．

本人評価と上司評価を比較している．両者の
ずれが大きい場合には「能力項目の文章が悪
いか，両者の認識のずれを反映している」と
判断する．

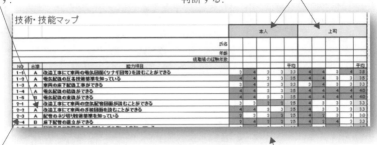

＊カード番号：例えば，「1-1」とは１の仕事番号１の一番目
　の能力項目を示す．仕事番号が小さいほど重要な仕事を表
　している．また，能力項目番号が小さいほど重要な能力項
　目であることを示している．

＊保有能力水準：1・2・3・4・5で表す．「1」は何もできない，
　知らない／「2」は支援があればできる，ある程度知って
　いる／「3」は一人でできる／「4」はよくできる，よく知っ
　ている／「5」は創意工夫改善ができる（ベテランクラス），
　を表す．

図表 6-3　能力マップの構成と読み取り方

能力項目番号が小さいほど重要な能力項目であることを示している．能力水準
は A，B，C で表し，「A は非常に重要，B は普通，C は重要ではない」を表
している．**図表 6-3** 中には保有能力水準を 1・2・3・4・5 で表している．その
具体的な内容は以下のとおりである．

- 「1」は何もできない，知らない．
- 「2」は支援があればできる，少しは知っている．
- 「3」は一人でできる．
- 「4」はよくできる，よく知っている．
- 「5」は優れてできる・優れて知っている．

図表 6-4 は，本人評価と上司評価を比較して記載したものである．人材育成
では上司評価と本人評価を付き合わせて相違点がある場合には両者で話し合い
をもつ．このコミュニケーションを通して，キャリアパスや，研鑽のあり方を
検討することが行われている．両者のずれが大きい場合には，能力項目の解釈
を巡って，認識のずれを解消するようにする．

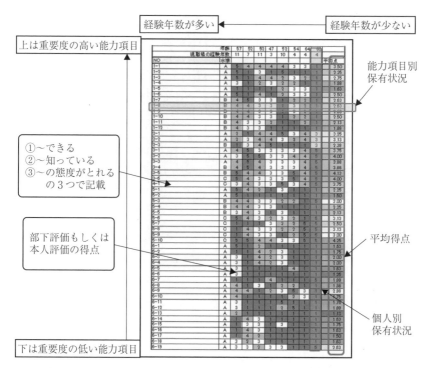

図表 6-4　本人評価と上司評価を比較した能力マップによる傾向性の分析

　能力マップの活用では，まず傾向性を摑むことが重要である．**図表 6-4** によって能力マップの傾向性の分析をしてみよう．図表の上方向には，重要度の高い項目が並び，下方向には重要度の低い能力項目が並ぶ．図表の横軸には作業者名が記載されている．通常は年齢，もしくは経験年数が多い者から並べる．図表では年齢順に並べているが，経験年数が熟練度と関係をもつとは限らないので，保有水準得点の合計の大きい者から低い者へと並べることもよい．傾向性の検討では「①平均値，②個人別，③項目ごと，④得点分布」で見比べると全体の傾向がわかる．能力項目の平均点が 3.0 を下回る場合は，「何らかの弱みがある」と解釈できる．

　このような分析をした例が**図表 6-5** である．強みや弱みなどの検討は人材育成に役立つ．**図表 6-6** は単能工から多能工へシフトする活動に利用した例である．このようにテーマが明瞭であるほど能力マップを有効に活用することがで

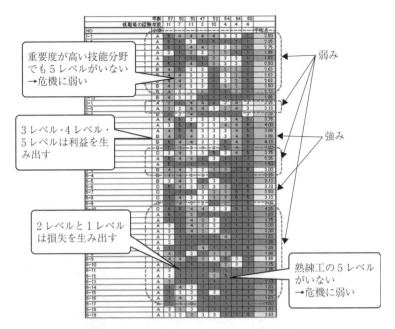

図表6-5　能力マップの傾向性の解釈（例）

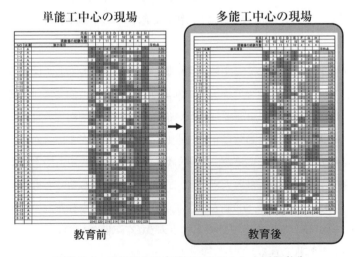

図表6-6　単能工から多能工へシフトした活用（例）

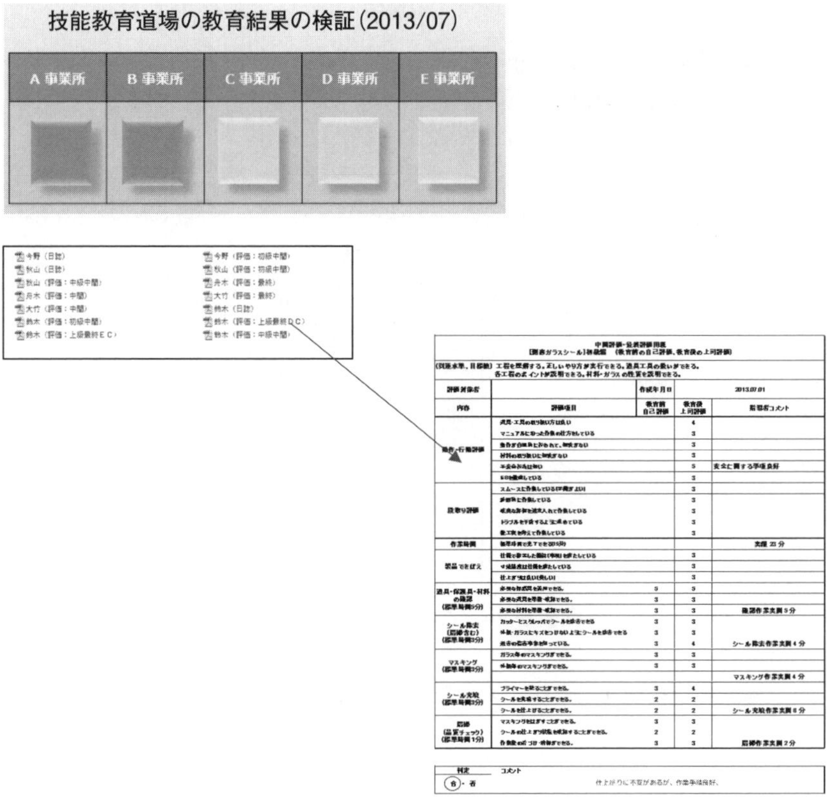

図表 6-7 中間評価・最終評価記入(例)

きる.

(2) 技能教育道場の教育結果の検証

　教育結果の検証は，学習者ごとに「動作・行動」「段取り」「作業時間」「製品できばえ」の項目で指導者が評価したうえで，中間評価および最終評価を記入した(図表6-7).

6-5 向上機能の内容

　向上機能の内容は広範にわたる．当然ながら，ボリュームも極めて大きいものになった．作業手順書の収蔵から作業手順書の評価・改善，教育計画作成支

教育用作業手順書状況（2013/07）

図表6-8　作業手順書の収蔵（例）

援ツールおよび技能マニュアルの作成までがこの機能に含まれる．

（1）　作業手順書の収蔵

　図表6-8に作業手順書の収蔵例を示した．作業手順書はすべてPDFファイルで収蔵した．作業手順書の点数はA事業所が217点，B事業所は319点あった．手順書の評価はこれらの全数を対象に作業した．

（2）　作業手順書の評価と改善

　能力管理のツールとして作業手順書は役立つが，必ずしも教育にそのまま適用できるとは限らない．そこで，既存の作業手順書を評価することにした．評価の目的は，「現在整備されている作業手順書が，該当作業の教育訓練に使用できるかどうか」を評価し，改善に使用することであり，図表6-9のように手順書評価一覧表を示した．

　図表6-9の上欄の左側から「手順書名（ファイル名）」「評価項目」「特徴，コメント，改善点」を設定した．また，「評価項目」のなかには「総合評価」「詳

手順書名(ファイル名)　　　評価項目　　特徴，コメント，改善点

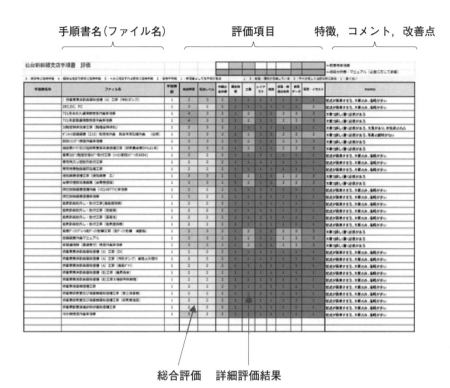

総合評価　詳細評価結果

図表 6-9　手順書評価一覧表の画面構成(例)

細評価結果」を記載している．図表6-10に評価項目の詳細を示した．作業手順書の必要項目は「標準時間」「工具」「参照データ」「写真・イラスト」としている．これらの内容が記載されていれば標準書としての機能があると考えている．さらに，教育用手順書としては技能分析表の内容も記載されていると役立つので，技能分析表やマニュアルの必要項目を設定して，これらを満たしているかどうかを判定した．これらの項目の内容は，①作業の全体像，②標準時間，③工具，④レイアウト，⑤構造，⑥部品・構造の名称，⑦参照データ，⑧写真・イラスト，⑨動画であった．これらを総合評価して次の5段階で示した（ここで，「5」「4」「3」は有効な手順書と評価した）．

- 5：教育用に使用可能
- 4：軽微な修正で教育に使用可能
- 3：十分に修正すれば教育に使用可能

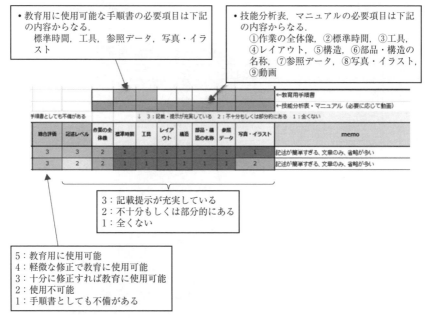

図表 6-10　手順書評価項目の設定

- 2：使用不可能
- 1：手順書としても不備がある

「記述レベルは十分かどうか」についても下記の3段階で評価した．

- 3：記載・提示が充実している
- 2：不十分もしくは部分的にある
- 1：全くない

　図表6-11に手順書評価結果の使い方を示した．評価項目ごとに縦に見ると，おおよその傾向がわかる．特に「どの部分に記載が少ないか」が明瞭になるので，各手順書に共通して充実させるべき内容が示されている．図表の①部分は総合評価が高い内容を示している．低い内容は②の部分であるが，それぞれの根拠が示されている．総合評価の高い内容について，この手順書ファイルを開いて模範とすれば，質の向上が図れる．また，右の「memo」欄にはコメントを簡潔に記載した．ここを参照すれば要修正箇所がわかる．

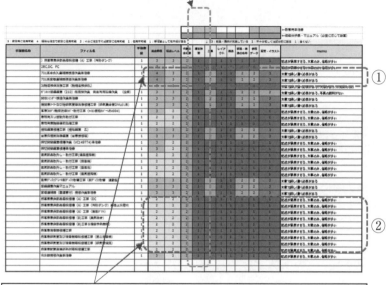

図表 6-11　手順書評価結果の使い方

（3）　教育計画作成支援ツール

　教育計画作成には，何らかの根拠が必要になる．この質的な良否が成果に影響を与える．ここでは，能力マップを基礎にして最適な教育計画を作成した．このツールは短時間で教育計画を作成できるように作業を半自動化したものである．これと並行して「当面，急がれる教育の内容は何か」を決める必要があり，本事例ではグループでの弱み・強みの分析をもとに決定した．教育計画作成支援ツールを図表 6-12 に示した．色の濃い部分が弱みなので「急がれる教育」の検討材料にしていく．図表 6-13 の縦方向の並びは能力項目の平均値合計の低いものでソートしてある．したがって，上に行くほど弱みの程度が顕著な項目となっている．図表 6-13 の左側の項目の色分けは教育の必要度の高い順になっているが，背景色によって必要度を区別した．例えば，赤の項目群は教育の必要度の高い項目を表し，オレンジ色，黄色，薄青の順に必要度が低下

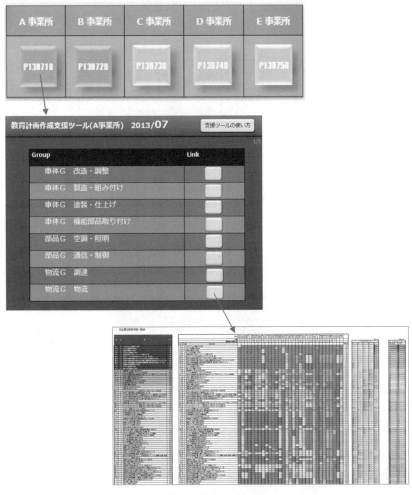

図表6-12　教育計画作成支援ツール（例）

していき，白色は当面教育の必要性がない項目とした（**図表6-14**）．この色分け
の基準は，下記とおりである．

- 赤：2.25 未満
- オレンジ：2.50 未満
- 黄色：3.0 未満

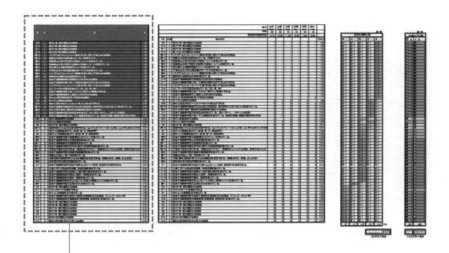

教育必要能力項目
教育計画作成支援ツールではこの教育必要能力項目を使用する

図表 6-13　教育必要能力項目（例）

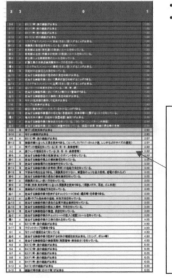

- 当面，急がれる教育の内容は何かを決める.
- このためにはグループでの弱み・強みの分析をもとに決定するとよい．色の濃い部分が弱みなので，これを優先して決めていく.

- グループの各項目平均得点の低い順にソートした結果を示している．上に行くほど教育の必要性が高く，下に行くほど必要性が低いことを表している.
- 背景色が赤の項目群は最も教育の必要度の高い項目を表している．オレンジ色，黄色，薄青の順に必要度が低下する．白色は当面教育の必要性がない項目である.
- 色分けの基準は下記のように設定した.
  赤：2.25 未満
  オレンジ：2.50 未満
  黄色：3.0 未満
  薄青：3.5 未満

図表 6-14　教育必要能力の色分け基準（例）

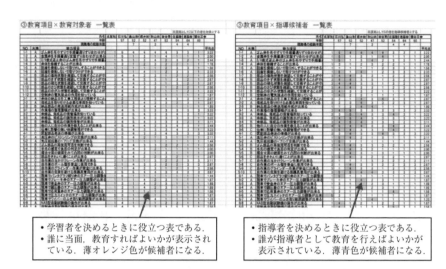

図表6-15　指導者候補および学習者候補の選定（例）

図表6-16　教育計画の作成（例）

• 薄青：3.5未満

　次に，「誰が，誰に指導するか」を決定する．**図表6-15**には教育項目と指導者候補および学習者候補が表示されている．これをもとに対象とする人材を選定すればよい．

　教育計画は「誰が，誰に，何を，いつ実施するか」が書かれている．後は期間を書き入れれば完成である．**図表6-16**に教育計画の作成例を示した．縦に

教育項目，横に3年間の時間軸が用意されている．破線で囲まれた部分を利用して概略の流れを入れる．例えば，主に行う教育を5，フォローで行う教育を3とすると，**図表6-17**のように行う時期を書き込むことができるので，これを利用して詳細計画を作成する．

　図表6-18の右の空間に矢印を入れて期間を示すことにする．表の右側に→などのパーツを用意してあるので，これをコピーして移動させることで，「どの項目をいつ実施するか」を示す3年間教育計画が完成した．

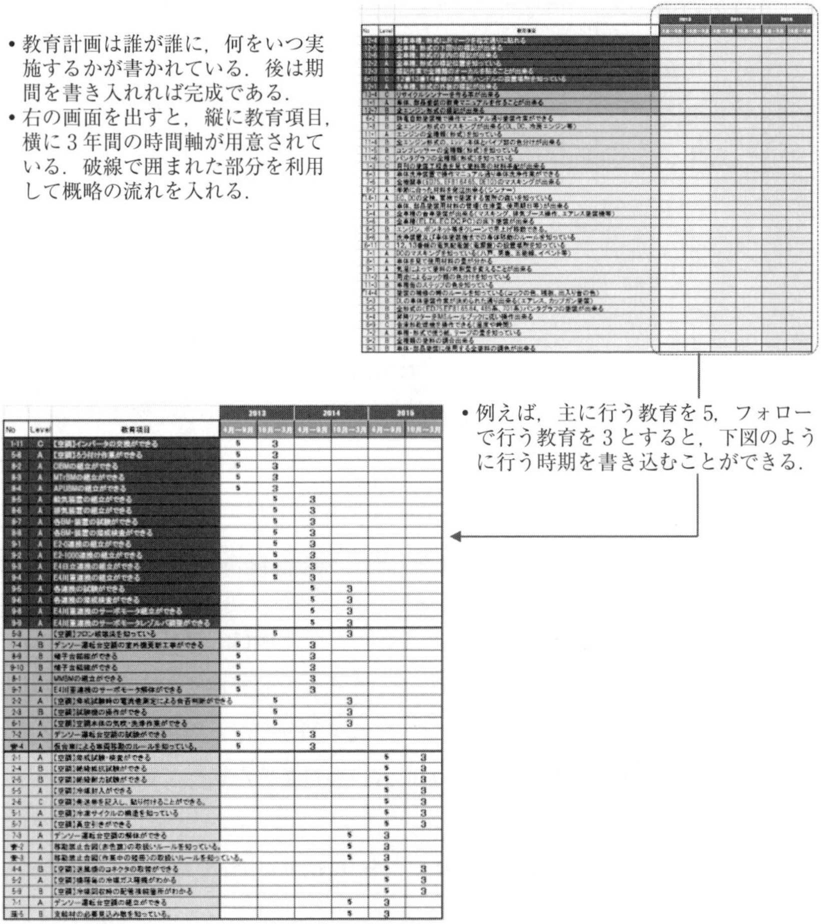

- 教育計画は誰が誰に，何をいつ実施するかが書かれている．後は期間を書き入れれば完成である．
- 右の画面を出すと，縦に教育項目，横に3年間の時間軸が用意されている．破線で囲まれた部分を利用して概略の流れを入れる．

- 例えば，主に行う教育を5，フォローで行う教育を3とすると，下図のように行う時期を書き込むことができる．

図表6-17　3年間の教育計画の作成（例）

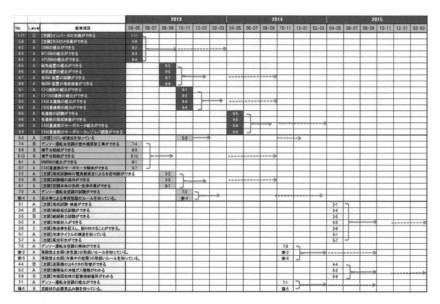

図表6-18　完成した3年間教育計画（例）

（4）　技能教育道場のマニュアル他教育用資材

　計画に従って教育を実施したい場合に，まず問題になるのは教材である．このとき，指導計画，評価シート，場所の設定，機材，材料などが必要となる．本事例では，これらのすべてを技能教育道場ごとに作成した．そして，技能教育道場のマニュアルなど，教育用資材頁からそれぞれのマニュアルを参照できるようにした（図表6-19）．

　すでに述べたように，技能教育道場とは「その場所に行けば，すべての訓練用資材が用意されていて，能率的に学習できるもの」である．この運用が成果を十分に挙げられるかどうかは，ソフトウェア部分である道場資料の質にかかっている．そのため，NAVIシステムには指導に必要なすべての資料を収録した．

　技能教育道場関連資料は図表6-20のとおり8つの内容で構成される．

　技能マニュアルでは冒頭のボタンをクリックするとマニュアルの表紙頁が表示される（図表6-21）．技能マニュアルはパワーポイントで作成されているの

技能教育道場のマニュアル他教育用資材（2013/07）

図表 6-19　技能教育道場の教育用資材（例）

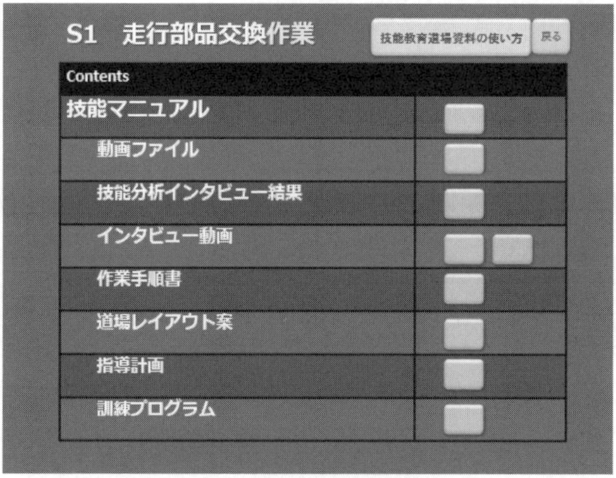

図表 6-20　技能教育用資材一覧（例）

図表 6-21 技能マニュアルの冒頭部分の例

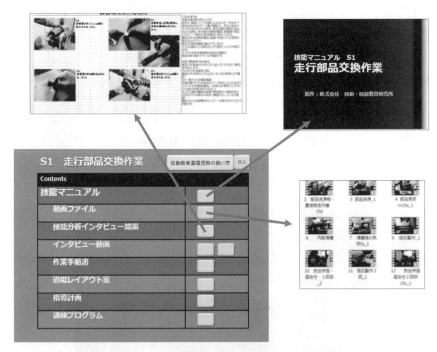

図表 6-22 技能マニュアル関連資料の閲覧頁

で，そのままスライドショーでみれば動画も自動的に動くようになっている．

　技能マニュアルに挿入されている動画は「動画ファイル」ボタンをクリックするとすべての動画が表示される（**図表 6-22**）．動画は工程ごとにファイル化したもので，作業手順書に示された工程で分割してある．撮影は作業すべてを

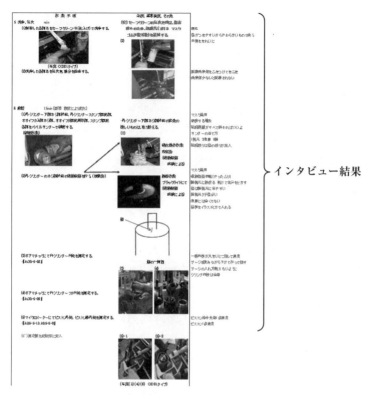

図表6-23 暗黙知をインタビューで引き出して記載

撮影してから分割するよりも工程ごとに撮影して，ファイル化したほうが能率も良く，時間も必要としない．工程ばかりでなく，一つの工程について角度を変えて詳細に説明できるように撮影した動画もある．

インタビュー結果は手順書のExcelファイルに赤文字で直接入力する．**図表6-23**はExcelファイルに入力した例であり，右欄に赤文字でインタビュー結果を記載した．

インタビューは動画ファイルをベテランとインタビュアーが同時に繰り返し見ることで妥当な表現を探していき，合意した内容のみを記載する．このとき，インタビューは下記の「インタビューの仕方」を参考にして行うとよい．

＜インタビューの仕方＞[2]

1. 展開の仕方

1.1　相手が答えやすいように誘導する.

1.2　ベテラン2人の意見が違うため，正解がどちらかはわからない.

1.3　ベテランの上司の解説が入るとより深い部分まで聞き出せ，検証できる.

1.4　質問に緊迫感を出すために，答えにかぶせるよう質問する.

1.5　作業を細かく止めて，1つ1つ丁寧に，抜けがないようにする.

1.6　前の作業で出た会話について後にからも内容が出てくると再度話す.

2. 聞くタイミング

2.1　ビデオを細かくコントロールし，適切なタイミングで聞く.

2.2　VTRを止める，戻す.

2.3　重要な場面では動画を止め，しっかりと質問する.

2.4　インタビューしている人の表情や反応を見ながら質問する.

2.5　相手の行動が少し変化した時を逃さず質問する.

2.6　無意識で作業していそうなところを見極めてインタビューする.

2.7　気になった作業については2～3回重ねて質問する.

3. 話の仕方

3.1　言葉遣いは柔らかにする.

3.2　言葉遣いは丁寧語を使う.

3.3　過度の丁寧語は使わない，話し手の話し方に合わせる.

3.4　例えをうまく利用する.

3.5　HOW，WHATを主に使用する.

3.6　同意を求める語尾を使う，「～でいいんですね」.

3.7　ベテランの言葉への同意を多く使う.

3.8　冗談を交えて話す.

3.9　あいづちをハッキリ言う.

3.10　時には笑いを出して緊張感を解く.

3.11　ベテランが本来やりたかった動作をうまく引き出す.

3.12　身振り手振りで質問する.

3.13　ジェスチャーを交える.

3.14　ベテランの話を噛み砕いて話す.

3.15　体全体で表現する.

---

2)　ここに示した内容は，インタビュー動画を30分ほど聴取してから「どのようにすれ
　ばインタビューがうまく進められるか」の問いに対する回答結果である.　回答者数は30
　名程度で複数回答とした.

3.16 話の核心に近づいたと思ったら，体で表現する．
3.17 会話を途切れさせない．
3.18 即座に質問する．
3.19 話が途切れないようにする．
3.20 話を遮らない．

4. 聞く態度

4.1 素直に聞き入れる．
4.2 否定しない．
4.3 興味が有るように聴く．
4.4 相手の仕事を敬う．
4.5 親密な雰囲気を持つ．
4.6 ベテランの余計なしゃべりを出来る限り聞く．
4.7 目線をビデオだけでなく，ベテランの方にも向ける．
4.8 目を見て，顔・状況を見ながら質問・確認する．
4.9 話しやすく気遣いする．
4.10 素人感を出す．
4.11 冗談を交えた行動をする．
4.12 インタビューの仕方が良いと相手からも回答が多く得られる．
4.13 作業者がよく話すのは，インタビューのポイントが適切であることによる．
4.14 作業者は気持ちよく話せるようにする．
4.15 適切な相槌を打つ．
4.16 インタビュアーとベテランのやりとりで発言回数は交互に話す．
4.17 言葉に抑揚をつけ，ベテランの話すペースを考えて話す．
4.18 相手を怒らせないように．
4.19 どれだけ質問事項をためて置けるかが重要．
4.20 一方的な質問ではない．
4.21 相手が話しているときはあいづちを打っている．
4.22 相手が話し終わるまで待つ．

5. 仮説や意見を出して反応を見る

5.1 インタビュアーの意見(仮説)を話して，これではなぜダメなのかを聴く．
5.2 時々，素人意見を入れる．
5.3 自分の推論を話す．
5.4 ストレートに質問するとき，自身の考えと比較して質問するときなど，質問の仕方を使い分ける．
5.5 インタビュアーの素直な感想を相手にぶつけながら回答を出そうとする．
5.6 原理を理解した上で聞く．
5.7 仮説を伝えて説明を引き出す．

5.8 素人考えを伝え，真意を聞き出す.
5.9 自分の考えを入れながら話す.
5.10 自分の仮説を話して合っているかを確認.
5.11 自分自身の意見・提案も率直に言う.
5.12 誘導的な部分と逆誘導を使い分ける.
5.13 時にベテランの良くない部分を指摘し，なぜかを引き出す.

6 確認する

6.1 行動を口に出し，相手に確認する.
6.2 いかなる事象に対しても確認をする.
6.3 行動ひとつひとつを確認する.
6.4 同意を求め，是か非かを聞く.
6.5 相手の話を要約して，それを確認する.
6.6 ミスを深掘りすることで，成功のポイントを導き出す.
6.7 その時何を思ったか，感情的な部分もうまく引き出す.
6.8 成功か，失敗の事例か，あやふやにしない.
6.9 クセなのか，必要事項なのか確認する.
6.10 何故そうしているのかを理解しているが，あえて違う見解を述べて確認する.
6.11 相手の作業時の気持ちや感情を聞き出す.
6.12 質問し，答えを聞いた後に，もう一度繰り返して答えをまとめている.
6.13 回答に対して同意，同調する.
6.14 ベテランの表現を確認する.
6.15 表現はインタビュアーからも提案する.

7. 作業，動きに注目する

7.1 動作，手順を細かく区切って質問する.
7.2 気づいたことはすぐ聞くようにする.
7.3 目線など体の働きについて明確にする.
7.4 些細な動きも，これは何をしているのか確認する.
7.5 ベテランが無意識に行っていることを探しだすように質問を繰り返す.
7.6 作業について目線や考えていることなどを質問する.
7.7 擬音語を使う.
7.8 比喩を使う.
7.9 動作について細かく聞く.
7.10 作業の仕方とその理由を聞く.
7.11 気にしていたことの理由を聞く.
7.12 無意識に行っている動作をより詳しく聞く.
7.13 細かい疑問は即座に聞く.

7.14 そのやり方をしなかった場合のリスクを聞く.

7.15 ベテランが答えにくいこともしっかり追求する.

7.16 条件に対する方法とその理由を聞く.

7.17 作業に対するアドバイス, 提案をする.

7.19 ベテランの回答に対してさらに質問で掘り下げる.

7.20 ベテランが無意識にやっているところを聞く.

8. 基準, 判断に注目する

8.1 どうしたら基準, 判断を見やすくわかりやすくしているか聞き出す.

8.2 曖昧な表現を定量的な表現に変えさせるように誘導する.

8.3 数値に置き換えて言わせる.

8.4 具体的に判断している基準, 数値を聞き出す.

8.5 量は具体的に表現する.

8.6 程度を表す言葉の種類を豊富に使う.

8.7 少ない時はどうなるか, 多い時はどうなるかのようにケースで聞く.

8.8 具体的な数値表現で聞き出す.

8.9 どのようになったら良いかの最終判断の基準を聞く.

8.10 途中の見極めポイント・判断基準を明確にする.

8.11 具体的に音, 数値(定量値), 色を聞き出す.

8.12 程度, 加減を出来るだけ詳しく聞く.

9. 作業の目的, 順序, ポイントに注目する

9.1 何の目的にやっているかを明確に聞き出す.

9.2 手順を再確認する.

9.3 作業の理由をしつこく聞く.

9.4 何のための行動かと聞き, 回答に対して同じ言葉で繰り返す.

9.5 前の作業と次の作業のつながりを言葉にする.

9.6 どこが難しいのかを聞き出す, 共感する.

9.7 何をすればどうなる, しなかったらどうなると聞き出す.

9.8 映像を止めて, ポイント, 何をしているかを聞く.

9.9 動作に対しては必ず動作(マネ)をしながら確認する.

9.10 違うやり方の成否とその理由を聞く.

写真 6-3 は暗黙知インタビューの様子を示している. 通常はベテラン作業者とインタビュアーは対面で行う. 2面のスクリーンを両者が見ながらインタビューを進める. 写真では左側のスクリーンに作業を収録した動画を投影し,

写真 6-3　暗黙知インタビューの様子

技能マニュアル　S1
走行部品交換作業

目次

区分	内容	参照頁
第1部 準備編	1 試験機を調整する 2 規格表によって測定箇所を選ぶ	
第2部 品質検査 編	3 試験機で検査する	
第3部 部品の取り外し編	4 走行部品を取り外す 5 新規部品を調整する	
第4部 取り付けと検査編	6 新規部品の取り付け 7 機能検査の実施 9 最終検査をする	

技術・技動教育研究所　　2

図表 6-24　技能マニュアルの目次頁（例）

右側のスクリーンに作業手順書を提示し，これにインタビュー結果を赤文字で入力している．動画のコントロールはインタビュアーが行う．

　技能分析表に入力する内容はインタビュアーとベテランで合意したものとする．このようにして作業手順書を技能分析表に転換していく．インタビューの模様は動画に収録しておく．後日確認，あるいは修正したい場合などに対応するためである．

　図表 6-24 は，技能マニュアルの目次頁を示している．右欄の参照頁ボタンを押すと，その作業の動画が表示されるように設定している．

　図表 6-25 はインタビュー動画と技能教育道場デザインをまとめたもので，上から順にインタビュー動画，作業手順書，道場レイアウト集を示している．

　1つのテーマについてインタビューは3日間行った．第1日は動画を基にし

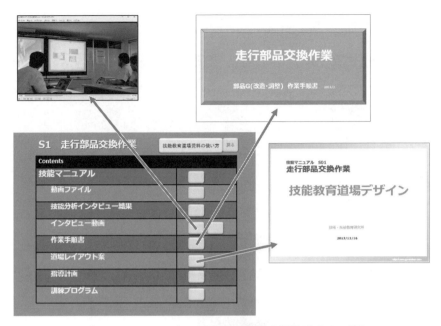

図表 6-25　インタビュー動画と技能教育道場デザイン（例）

てインタビューを行い，作業手順書を技能分析表に転換する作業であり，3〜
4時間程度実施した．また，第2日の準備として，技能分析表と動画を使用し
た技能マニュアルを作成した．第2日のインタビューは技能マニュアルを始め
から点検しながら，さらに明瞭に仕上げる作業をした．第3日は最終確認のイ
ンタビューとした．

　作業手順書は現在使用している最新の手順書を挿入した．

　道場レイアウト集はテーマごとに提案している内容であり，**図表 6-26**は道
場レイアウト集の例を示している．この資料は①基本デザイン，②道場レイア
ウト，③訓練プログラムの骨子，④開設・トライアル日程で構成している．

　図表 6-27は指導計画と訓練プログラムを示しており，指導計画と訓練プロ
グラムを閲覧できるようにボタンを設定した．

　指導計画（**図表 6-28**）は，①道場の概要，②テーマ名称，③何について，④
誰が，⑤誰を，⑥どこまで，⑦いつ，⑧訓練プログラム，⑨指導の流れの内容
で構成した．また，訓練プログラム（**図表 6-29**）は，①研修コース，②研修目

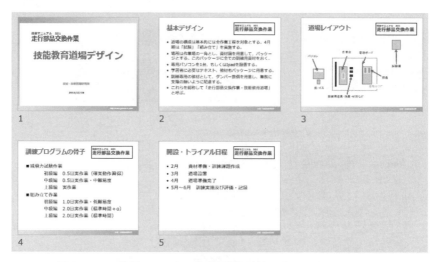

図表 6-26　道場レイアウト集（技能教育道場デザイン）の内容（例）

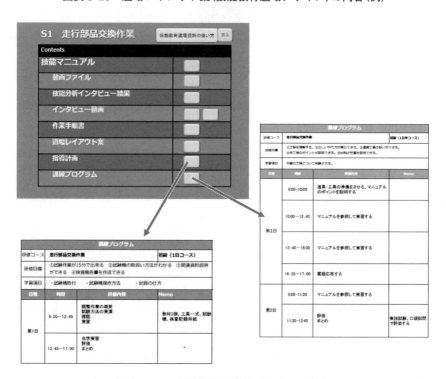

図表 6-27　指導計画と訓練プログラム（例）

指導計画		
項目	詳細項目	走行部品交換作業
道場の概要	場所、機材、完成度	交換部品3本あり 調整の工具等を除きラインのものを使用する。
テーマ名称	総括的な名称	走行部品交換作業
何について	具体的な範囲、訓練項目	・部品の機能試験ができる ・検査記録ができる ・部品の交換取り付けができる
	課題内容と所要時間	15分～60分/本 初級編＝交換部品を3本×3回練習する　合計180分 中級編＝部品3本×5回　3日コース 上級編＝10日間ラインで作業があれば調整作業を担当する（20本/日）
誰が	指導者	ライン主任は初級と中級担当　上級編は係長が担当
誰を	学習者、何人	未習得者　6月末まで2人
どこまで	到達水準、目標値	初級編 部品の機能試験が15分で出来る 試験機の取扱い方法がわかる 部品交換ができる 報告書を作成できる 中級編＝作業がベテランと同水準で出来る 方法のポイントを説明できる 上級編＝ベテランのアドバイスなしに妥当な時間で1人で出来る
いつ	期間、所要時間	初級編＝5月中旬 中級編＝5月下旬 上級編＝6月
訓練プログラム	何日間、所要時間	初級編＝1日 中級編＝3日 上級編＝10日
指導の流れ	アウトライン	初級編＝ベテラン説明30分、マニュアルを見て練習2時間、チェック20分、 中級編＝ベテランが実際にみせる1時間、毎日終わりの時点で質疑応答30分、最終日は評価講評1時間 上級編＝はじめの10日間は場面に応じて指導する、10日目に最終評価1時間～2時間、未到達の場合は延長して練習させる ※訓練時間は9：30～12：45　13：45～17：25

図表 6-28　指導計画の例

訓練プログラム

研修コース	走行部品交換作業		初級（1日コース）
研修目標	①試験作業が15分で出来る　②試験機の取扱い方法がわかる　③関連資料説明ができる　④検査報告書を作成できる		
学習項目	・試験機取付　　・試験機操作方法　　・記録の仕方		

日程	時刻	研修内容	Memo
第1日	9:00－12:45	調整作業の概要 試験方法の実演 確認 実習	教材3個、工具一式、試験機、検査記録用紙
	13:45－17:00	自学実習 評価 まとめ	〃

訓練プログラム

研修コース	走行部品交換作業		初級（1日半コース）
研修目標	①工程を理解する。②正しいやり方が実行できる。③道具工具の扱いができる。④各工程のポイントが説明できる。⑤材料の性質を説明できる。		
学習項目	作業の工程について体験させる。		

日程	時刻	研修内容	Memo
第1日	9:00-10:00	道具・工具の準備をさせる、マニュアルのポイントを説明する	
	10:00－12:45	マニュアルを参照して実習する	
	13:45－16:30	マニュアルを参照して実習する	
	16:30－17:00	質疑応答する	
第2日	9:00-11:30	マニュアルを参照して実習する	
	11:30-12:45	評価 まとめ	実技試験、口頭試問で評価する

図表 6-29　訓練プログラム（例）

写真 6-4　技能教育道場での教育の様子

標，③学習項目，④日程を記載した.

　写真 6-4 は技能教育道場での教育の様子を示している. 訓練の実施方法は，技能マニュアルで作業方法を学んだうえで，自ら作業練習を行い，実際の作業をシミュレーションした練習台で訓練する. 技能教育道場では，工夫や改善が自由にできるため，失敗も許される状況で十分な練習ができる. 従来の訓練は現場で失敗しながら学習が進められていたため，ベテランが学習者のミスを修正する必要が発生していたうえに，事故のリスクもあった. しかし，シミュレーションによる学習はこのようなリスクは皆無となる.

　指導者は始めマンツーマンで指導するが，徐々に学習者中心の訓練に移行し，最終的には学習者が自立して作業するように設計している. 訓練の後半では，指導者は評価者として活動し，それをもとにフォローアップ指導を行う. 技能教育道場の成果を検証した事例では，従来のやり方と比較して学習時間が1/10 程度以下になることが報告されている.

（5）　その他の教育用資材

　その他の教育用資材は，本事例の NAVI システム開発の途上で整備した教材や資材をまとめて掲載した（**図表 6-30**）. それらは，①教育用手順書作成講座，② OJT ガイドライン，③技術・技能教育キーマン制度から構成される.

　①の教育用手順書作成講座は，作成者によって品質のバラツキが大きいものを是正するために開催した. この内容は技能分析表に反映し，最終的には技能マニュアルの品質の向上につなげることができる. ②の OJT ガイドライン

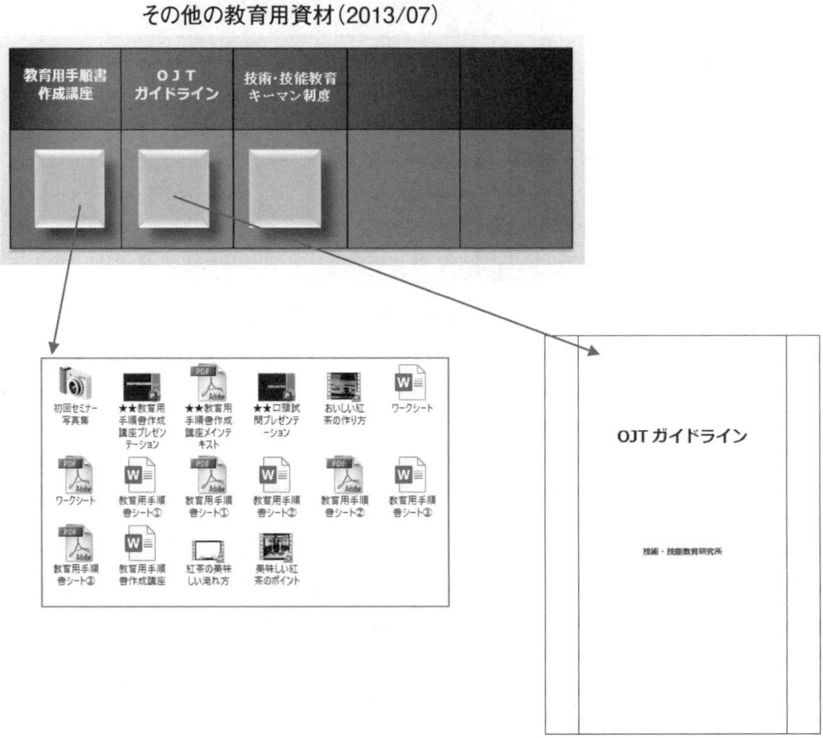

その他の教育用資材（2013/07）

図表 6-30　その他の教育用資材（例）

も，同様にして OJT の品質を維持するためのガイドラインを記載したもので
ある．③の技術・技能教育キーマン制度は，本事例の NAVI システムを社内
で継続・発展させるための制度として制定したものであり，この内容は文書と
して閲覧できるようにした．

6-6　診断機能の内容

　図表 6-31 は人材育成診断表による診断結果を表示している．全事業所につ
いて 2012 年 8 月，2013 年 12 月，2013 年 7 月の 3 回のデータを収録した．
　図表 6-32 に人材育成診断表による結果を示した．結果は 5 つの事業所ごと
に集計し，さらに全社集計を行って，提言をとりまとめている．また，**図表
6-33** に診断表の項目一覧を示した．診断表のカテゴリは「1 現状の認識」

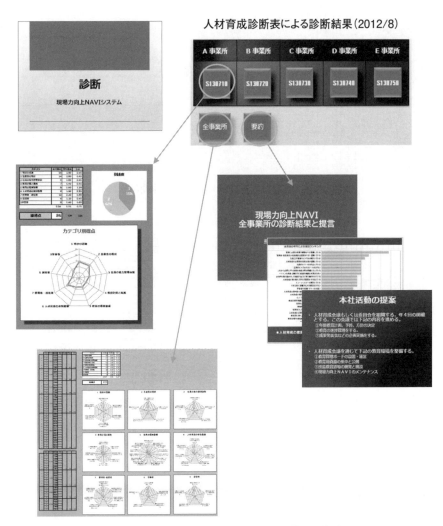

図表 6-31　人材育成診断表による診断結果（例）

「2 生産性の現状」「3 社員の能力管理体制」「4 教育計画と実施」「5 教育の環境整備」「6 人材育成の体制整備」「7 管理者・経営者」「8 指導者」「9 学習者」で構成した．3 回の診断結果は活動開始から完了までの 1 年間で徐々に良好なデータへと移行できた．

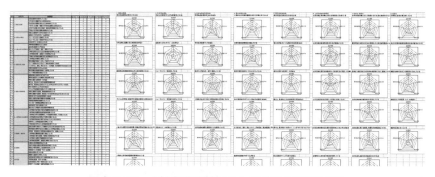

図表 6-32　人材育成診断表による定期診断結果（例）

カテゴリ	NO.	診断項目
1 現状の認識	1	社員の高齢化は進行していない
	2	5年以内に退職する人の割合は少ない
	3	出向社員の退職を見込んだ人材育成をしている
	4	ベテランの異動・退職で失う技能の範囲と水準は小さい
	5	これから必要とされる技術・技能分析は明確になっている
	6	工場の人材育成の課題は整理されている
2 生産性の現状	7	生産上の事故やトラブルは減少している
	8	品質のトラブルやクレームは少ない
	9	ヒューマンエラーは減少している
	10	ヒューマンエラー対策は十分にしている
	11	社員のモラールは向上している
3 社員の能力管理体制	12	作業毎の必要能力リストはある
	13	全社員の技能マップはある
	14	能力マップは毎年、改正・更新している
	15	工場の社員ひとりひとりの強み弱みを分析している
	16	人材育成の効果・成果をいつも把握している
4 教育計画と実施	17	工場の人材育成の課題に応じた計画を立てている
	18	人材育成は計画的に実施している
	19	教育目標を明確にしてOJTを行っている
	20	OJT指導のガイドライン（進め方の指針）はある
	21	いつまでに、誰を、何について、どの程度、能力開発するか決めている
	22	効果的な訓練プログラムがある
	23	教育目標の達成度は測定して管理している
	24	OJT教育効果を確認している
5 教育の環境整備	25	教育の見える化は十分できている
	26	教育の進捗がいつも把握できる状態である
	27	教育に関する管理ボードがある
	28	誰でも、能力向上できる技能向上道場がある
	29	誰でも、能力向上できるeラーニングやビデオライブラリーがある
	30	使える技能マニュアルは十分ある
	31	マニュアル作成のできるメンバーが多くいる
	32	教育に関する資料、教材は整理されている
	33	教育に関する資料、教材はいつでも利用できるようになっている
	34	教育用に使える作業手順書が十分ある
	35	管理に必要な作業手順書は十分整備している
	36	熟練者の暗黙知は明確になっている
	37	カンコツ・暗黙知の管理はできている
	38	技能分析ができる者が多くいる
	39	見ただけで作業ができる技能分析表はある

カテゴリ	NO.	診断項目
6 人材育成の体制整備	40	人材育成に取り組んできたが成果は上がっている
	41	人材育成の必要性を社員全員が認識している
	42	人材育成に関する事務局もしくは専任者を設置して活動している
	43	人材育成委員会を設置して活発に活動している
	44	人材育成の進め方に関する社内のコンセンサスはある
	45	定期的に人材育成の進捗を管理している
	46	工場の未来を考えて人材育成計画を考えている
7 管理者・経営者	47	全社的な取り組みとして実施するように常に働きかけている
	48	経営理念を実現するために関連した人材育成を強化している
	49	管理者・経営者は人材育成の必要性を十分、認識している
	50	人材育成の優先順位は高く設定している
	51	人材育成に資する時間、時間などの配慮をしている
	52	人材育成に必要な予算措置は十分である
	53	人材育成は管理者・被教育者と現場とで行っている
8 指導者	54	計画的に指導者教育をしている
	55	支店で共通の効果的な教育方法が確立している
	56	期間と内容を明示して指導者を任命している
	57	指導者としての意識・モラールは高い
	58	指導を活発に行っている
9 学習者	59	積極的・意欲的に学習している
	60	学習者の能力適性に応じた教育水準になっている
	61	学習者の意欲・モラールは高い
	62	自由な時間に予習・復習などをしている
	63	学習テーマの意義・重要性は認識している

図表 6-33　人材育成診断表の診断項目一覧（例）

6-7　予測機能の内容

　予測技能の内容は，各事務所で求められる共通のテーマについて扱うことにした．テーマは高度熟練化と多能工化である．このシミュレーションは，現在保有する人材の能力マップを基礎にして将来の姿を描くものである．

　図表6-34に高度熟練化・多能工化シミュレーション画面を示した．グルー

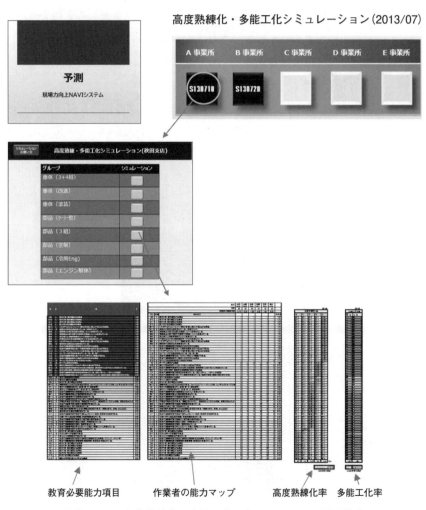

図表6-34　高度熟練化・多能工化シミュレーション画面(例)

プの能力マップにある各項目の平均得点の低い順にソートした結果は，上に行くほど教育の必要性が高く，下に行くほど必要性が低いことを表している．背景色が赤の項目群が最も教育の必要度の高い項目を表し，オレンジ色，黄色，薄青の順に必要度が低下していき，白色は当面教育の必要性がない項目とした．**図表6-35**では5段階評価で，3.5以上を保有していれば，十分に仕事をこなせると考えている．しかし，3.5以上の能力水準保有を否定するわけではなく，必要性に応じて水準を高めることが求められる．

　図表6-34における高度熟練化率には，グループの作業者のうち能力水準5レベル保有者の割合を示している．この数値が大きいほど高度熟練化を実現していると判断でき，その計算式は下記のとおりである．

　　　　　[5の保有者数]／[4・3・2・1の保有者数]

　また，**図表6-34**における多能工化率には，グループの作業者のうち能力水準3・4・5の保有者の割合を示している．この数値が大きいほど多能工化を実

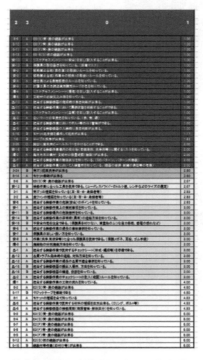

図表6-35　教育必要度の優先順で示した能力項目リスト（例）

現していると判断でき，その計算式は下記のとおりである.

　　　[3・4・5の保有者数]／[1・2の保有者数]

■高度熟練化率と多能工化率シミュレーションの使い方

　「向上機能」によって，能力の向上が図られ，マップ上の作業者別の得点を変更すると仮定しよう．図表6-36の①にあるマップ上の得点を，変更すると，この結果は右側の②高度熟練指数と③多能工化率に反映する．自動的に表

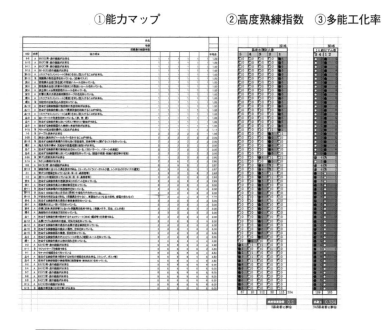

①能力マップ　　②高度熟練指数　③多能工化率

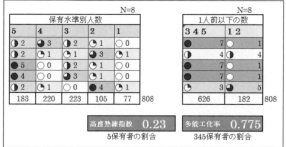

図表 6-36　シミュレーションによる高度熟練指数と多能工化率

示されるようになっているので，「求める目標値にするためにはどうすればよいか」が検討できる．このようにして「誰にどの能力項目の教育を実施すれば，多能工化率や高度熟練指数が何ポイント上昇できるか」が明らかとなる．

注と文献

　読者が本書をもとにさらに発展した内容を学べるように，本文の内容を補足する関係文献を以下に紹介した．

■第1章，第2章
本文は①②をもとに加筆したものである．

　①　森和夫(2012)：「人材育成・企業内教育のイメージを変える現場力向上 NAVI システムの世界」，『プラントエンジニア』，2012年2月号，pp. 15-22，JMAC

　②　森和夫・河村泉(2013)：『能力開発の実践ガイド』，日本能率協会コンサルティング．

技術・技能論については，以下をご覧いただきたい．いずれも技術・技能教育研究所ウェブサイト(http://ginouken.com/index.html)からアクセスできる．

　③　森和夫(2018)：『技術・技能論—技術・技能の変化と教育訓練—』，大妻女子大学人間生活文化研究所．

　④　森和夫(1995)：『ハイテク時代の技能労働—生産技能の変化と教育訓練—』，中央職業能力開発協会．

技術・技能教育の進め方，指導の方法については，以下に詳述した．

　⑤　森和夫(2009)：『人材育成の見える化(下巻)，実施・評価編』，JIPM ソリューション．

　⑥　森和夫(2002)：『技の学び方・教え方』，中央職業能力開発協会．

また，技術・技能伝承の通信教育講座を日本監督士協会で実施している．以下はそのテキストである．

　⑦　森和夫(2006)：『現場力を強める技術・技能伝承』，日本監督士協会．

　　—第1分冊「技術・技能の現状評価と伝承計画の作成」

　　—第2分冊「伝承マニュアルの作成と指導育成活動の展開」

■第3章

　CUDBAS手法は能力管理の方法として，多くの職場で使用されている．CUDBAS（クドバス）商標は，（独）高齢・障害・求職者雇用支援機構の登録商標である．（一財）職業教育開発協会（2018年7月設立）では，主にCUDBAS手法を用いたセミナー，ライセンス認証，CUDBASの研究開発などを行っている．協会発行の『CUDBASイントロダクションテキスト』には，以下の記載がある．

　「クドバス（CUDBAS）は，職業教育で養成しようとする人物の能力を書き出し，それらを整理して，カリキュラムを開発する方法です．職業人としてどんな能力を身につければ良いか，その能力構造に着目します．そして，その構造を学習者が早期に習得できるカリキュラムを開発します．つまり職業能力の構造に基づくカリキュラム開発手法のことです．これを英語に直すと，A Method of Curriculum Development Based on Vocational Ability Structure略してCUDBASと呼びます.」

　職業教育開発協会発行の下記のテキストはセミナーに参加することで入手できる．協会ではセミナー修了者にライセンスを発行する他，CUDBAS研究大会などのイベントを通じて普及活動を推進している．CUDBASは能力管理の主要なツールとしての活用が期待される．

　　①　職業教育開発協会（2018，2019）：『CUDBASイントロダクションテキスト』（日本語版，英語版）
　　②　職業教育開発協会（2018）：『CUDBASベーシックテキスト』
　　③　職業教育開発協会（2018，2019，2020）：『CUDBASマニュアル』（日本語版，英語版，フランス語版）
　　④　職業教育開発協会（2019）：『CUDBASファシリテータセミナーテキスト』（日本語版）

　（一財）職業教育開発協会への問合せはウェブサイト（http://vedac.or.jp/index.html），E-Mail（jigyobu@vedac.or.jp），郵送（〒297-0201　千葉県長生郡長柄町上野481-12-502）で受け付けている．

　CUDBASに関する文献には次のものがある．

　　⑤　指導技術教材研究開発委員会（1990）；『PROTS INSTRUCTOR'S

HANDBOOK(日本語版)』，海外職業訓練協会(全13巻).

→CUDBAS掲載箇所は「B2訓練プログラム編成の方法」である.

⑥　森和夫(1998)：「CUDBASの発展とその展望—職業能力評価の構造化と体系化に関する研究序説—」，『職業能力開発研究』，第16巻.

⑦　森和夫(1996)：「第3次産業における技能評価マニュアル—ホテル従業員の能力・資質の分析結果に基づくマニュアルの記述—」，『技能労働者に対する技能評価及び技能労働者の処遇の実態等に関する調査報告書』，pp. 53-93，建築物管理訓練センター.

⑧　森和夫(1998)：「CUDBASの発展とその展望—職業能力評価の構造化と体系化に関する研究序説—」，『職業能力開発研究』，第16巻.

⑨　森和夫(2005)：「職業教育カリキュラム開発手法CUDBASの普及と改良」，『産業教育学研究』，第36巻，第1号.

⑩　森和夫(2008)：『人材育成の見える化(上巻)　企画・運営編』，JIPMソリューション.

⑪　雇用促進事業団(1996)：『モデル生涯職業能力体系図—経営企画・営業マーケット・経理財務・広報広告・情報事務・人事労務・物流管理・法務総務編』，雇用促進事業団.

→生涯職業能力開発システムを計画する基礎作業として，CUDBASを適用して大規模に展開した例である.

⑫　労働省職業能力開発局(1996)：『社内技能検定認定のあらまし』，労働省職業能力開発局技能振興課.

→社内技能検定の認定を受けるための手続き・マニュアルを記載した.

⑬　森和夫(1991)：「職業能力の分析に基づく職業教育カリキュラム開発の方法—CUDBASの原理と企業内教育指導員養成カリキュラム開発への適用—」，『職業訓練大学校紀要』，第20号B，pp. 49-68.

→CUDBASの基本的な考え方と，実際の手続きを詳細に記述した研究論文である.

⑭　人材高度化研究会(1996)：「電気機械器具製造業共同研究開発事業報告書」，『平成8年度報告書』，生涯職業能力開発促進センター.

→この業種のほかに建設業，室内装飾業，自動車・同付属品製造業，百

　　　貨店業，損害保険業，情報サービス産業，ボウリング場産業について
　　　同様の報告書を発刊している．
　特に看護関係の文献では，クリニカルラダーによる教育計画の作成に関する
ものがある．筆者は，これをCUDBASによって行うことを提案し，セミナー
指導してきた．ラダー作成法は年々改良を続けて洗練されたものとなってい
る．サービス労働関係者の能力管理として参考になる部分が多い．
　　⑮　森和夫(2004)：「クリニカルラダーの作成方法—クドバスによって看
　　　護実践能力を記述する」，『中堅＆主任』9月号．
　　⑯　森和夫(2009)：「クリニカルラダー作成のプロセス—クドバス手法で
　　　病院の特性を活かした個別性のあるラダーを作る」，『ナースマネージ
　　　ャー』2月号．
　　⑰　森和夫(2016)：「初めてでも安心！　CUDBASを用いたラダーの作
　　　成・見直し方法」，『看護人材育成』4・5月号．

■第4章
　技能分析表，技能マニュアル，暗黙知に関する文献は下記に記載した．
　　①　森和夫(2020)：「技術・技能伝承の核心部分「暗黙知管理」の方法」，
　　　『工場管理』3月号．
　　②　森和夫(2020)：「技術・技能伝承の実践的方法〜準備・計画編／教材
　　　作成・実践編〜」，『工場管理』3月号．
　　③　森和夫・森雅夫(2007)：『3時間で作る技能伝承マニュアル』，
　　　JMAC．
　　④　森和夫(2013)：「暗黙知の継承をどう進めるか」，『特技懇誌』，No.
　　　268，pp. 43-49，特許庁技術懇話会．
　　⑤　森和夫(2005)：『技術・技能伝承ハンドブック』，JIPMソリューショ
　　　ン．
　感覚運動機構と知的管理機構については次の文献で詳述した．
　　⑥　森和夫・久下靖征(1989)：「生産技術教育の方法理論—方法仮説と授
　　　業　実験—」，『職業訓練研究』第7巻．
　SAT技能分析表に関する文献は次の文献に詳述した．

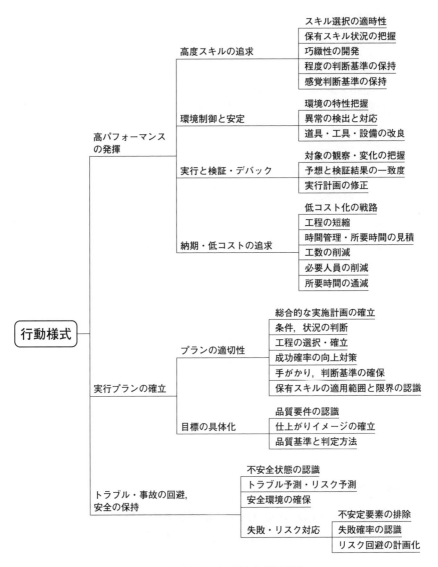

図表A　熟練者の行動様式（詳細版）

⑦　森和夫(2000)：「技術・技能伝承のための技能分析とマニュアル構成の方法—訓練用技能分析法(SAT)の改訂とマニュアル作成法—」，『職業能力開発研究』第18巻.

⑧　森和夫(2005)：「職人の熟練と伝承」，『日本ロボット学会誌』第23

巻，第 7 号，pp. 19-23.

⑨　森和夫(2005)：『技術・技能伝承ハンドブック』，JIPM ソリューション．

⑩　森和夫(1993)：「生産技術教育における作業概念の意味—技能習熟研究結果の検討から」，『日本産業教育学会研究紀要』，第 23 号，日本産業教育学会，pp. 61-69.

図表 4-6 では簡略化した図表としたが，熟練者の行動を詳細に見ると興味深い．図表 A にこれを掲載した．

■第 5 章

現場力向上 NAVI システムに関する文献は下記にある．本文は①をもとに加筆したものである．

①　森和夫(2012)：「人材育成・企業内教育のイメージを変える現場力向上 NAVI システムの世界」，『プラントエンジニア』2 月号，pp. 15-22.

②　河村泉(2012)：「経営課題を解決するための人材育成法」，『プラントエンジニア』2 月号．

■第 6 章

最近，実施した能力管理の事例は下記の内容がある．それぞれ，文献で紹介している．

(1)　トヨタ自動車株式会社の技術・技能伝承の取組み

実験領域で筆者が指導した 3 年間の技術・技能伝承活動を次の記事で紹介している．

①　堀田博幸，岩堀嘉仁，香村俊行，須崎俊吉(2017)：「特別寄稿：トヨタにおける技術・技能伝承活動の進展—「もっといいクルマづくり」のための人材育成の取り組み—」，『企業と人材』11 月号，pp. 34-41.

②　企業と人材編集部(2016)：「事例 No. 064 トヨタテクニカルディベロップメント：「"機能のプロフェッショナル"をめざし 2010 年〜 2015

年に３つのプログラムで技術者を育成」」, 『企業と人材』7月号.

　　③　岩堀嘉仁, 香村俊行, 森小夜子(2020)「：基本技能教育から始めるクルマづくりの技術・技能伝承　トヨタ自動車」, 『工場管理』3月号.

これらの取組みの基本的部分は**図表5-1**の能力開発の推進プランによって行った.

(2)　三菱重工業株式会社(名古屋航空宇宙製作所・総合研究所)の能力管理実践

航空機の製造工程の品質向上について従来, 「❶プロセス管理」「❷ロバスト作業設計」で対応してきたが, 「❸技能管理」を挿入することで品質維持・向上に有効に機能することを検証している. これに関する論文は以下のとおりであり, **図表B**は本論文に記載されたものである. この取組みの方法は**図表5-1**の能力開発の推進プランによって行った.

　　①　仲谷尚郁, 小原拓也, 櫻井啓太郎, 服部一夫, 洞口典久, 桝田翼, 霤見篤, 森和夫(2018)：「2C2-3　人に依存する作業の品質向上手法の構築―プロセス管理・ロバスト作業設計・技能管理を組み合わせた作業マニュアル―」, 『人間工学』54巻, Supplement 号.

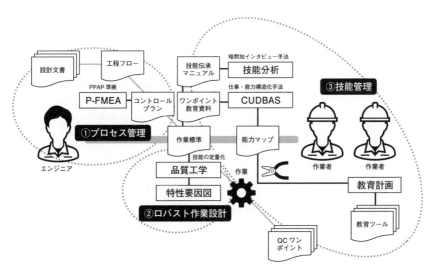

図表B　人に起因する不適合を削減するフレームワーク

(3)　堺市産業振興センターの技能承継実践塾

2016 年〜 2018 年に開催された堺市産業振興センター主催「技能承継実践塾」では STEP1(2 日間)で技術・技能伝承概論を学び，STEP2(3 日間)で演習しながら技術・技能伝承の基本を身につける内容である．

STEP3 では企業のなかで技術・技能伝承を 6 カ月(毎月 1 回，6 日間)で展開している．そのプロセスは**図表 5-1** の能力開発の推進プランによって行った．

　① 　工場管理編集部(2020)：「熟練者のシーリング技能を分析・整理し，継続的な技能伝承を実現　三菱重工業名古屋航空宇宙システム製作所」，『工場管理』3 月号．

(4)　医療機関における能力管理の実践例(医師，看護師)について

看護師や医師の教育では，現場力向上 NAVI システムの一部が導入され実践されている．たとえば，「病院の経営方針→能力マップ→教育計画→技能マニュアル→指導→評価」という流れを日常的に行っている．しかし，システムとして確立しているものではない．病院における「現場力向上 NAVI システム」として普及することは可能である．

　① 　齊藤寿一，細田洋一郎，平出敦，秦温信，森和夫，伊藤雅治(2009)：『指導医と研修医で構築する新しいカリキュラム開発─ワークショップでの CUDBAS の展開とさまざまな医療職への応用』，篠原出版新社．

　　→全国社会保険協会連合会が運営する社会保険病院の医師によって行われた研修医養成プログラム開発の 10 年間の成果をまとめて刊行したものである．

この他にも下記の文献がある．

　② 　森和夫・廣渡修二他(2001)：「看護職のリカレント教育プログラムの開発と評価」，『徳島大学大学開放実践センター報告書』，第 12 号，徳島大学．

　③ 　森和夫(2002)：「看護婦の職業能力評価に基づく継続教育プログラムの編成」，『産業教育学研究』，第 32 巻第 1 号，pp. 41-42.

④　大岡裕子他(2002)：「徳島大学医学部付属病院におけるクリニカルラ
ダーの開発—看護の質向上に資する現任教育をめざして」,『看護管
理』, 第12巻第2号.

⑤　全国社会保険協会連合会(2003)：「研修指導医の指導能力開発に関す
る研究」,『平成15年度共同研究報告書』.
　→全社連では継続的に研修指導医の講習会プログラムとしてクドバス手
法を8時間程度実施している.

⑥　森和夫(2014)：『eラーニング講座：優れた医療スタッフの育成をめ
ざす指導と評価のポイント』, 日本ビズアップ社.

⑦　森和夫(2004)：「良質な看護スタッフ育成をめざして」,『中堅＆主
任』1月〜7月.
　　※連載第1回「看護OJTがめざす教育の意味, 連載第2回・看護
　　OJTの計画を立てる」／連載第3回「OJT年間計画の作成と評価
　　の仕方」／連載第4回「指導の原則を使う」／連載第5回「充実し
　　た教材研究と優れた教材で成果を」／連載第6回「指導のポイント
　　と評価の仕方」

⑧　森和夫(2003)：「看護職だからOJT, 看護職こそOJT —職場での看
護教育の基本はOJT…早わかり看護OJT講座」,『主任＆中堅』, 第12
巻第6号.

索　引

【著者紹介】

森　和夫（もり　かずお）

主な経歴は職業能力開発総合大学校教授，助教授，講師（～ 2000 年 3 月），徳島大学教授（～ 2004 年 3 月），東京農工大学教授（～ 2006 年 3 月），2006 年 4 月より㈱技術・技能教育研究所代表取締役，2018 年 7 月より（一財）職業教育開発協会を設立し代表理事．

専門分野は職業能力開発，産業教育学，労働科学．技術・技能教育に関する研究開発とコンサルテーションを展開している．学位は千葉大学，博士（工学），論文テーマは「技能習熟における能力の構造化過程」．研究開発成果として，「指導技術訓練システム PROTS」「職務分析手法 CUDBAS」「技能分析手法 SAT」「技術・技能伝承システム」「現場力向上 NAVI システム」などがある．

主な著書は『技術・技能論』（大妻女子大学，2018），『能力開発の実践ガイド』（日本能率協会コンサルティング，共著，2013），『人材育成の見える化　上巻／下巻』（JIPM ソリューション，2008），『3 時間でつくる技能伝承マニュアル』（JIPM ソリューション，共著，2007），『技術・技能伝承ハンドブック』（JIPM ソリューション，2005），『技の学び方・教え方』（中央職業能力開発協会，2002）などがある．研究論文，報告書，雑誌記事，刊行図書数は 300 点以上にわたる．

実践　現場の能力管理
生産性が向上する人材育成マネジメント

2020 年 8 月 29 日　第 1 刷発行

検 印
省 略

著　者　森　　和夫
発行人　戸羽　節文

発行所　株式会社　日科技連出版社
〒 151-0051　東京都渋谷区千駄ヶ谷 5-15-5
DS ビル
電話　出版　03-5379-1244
営業　03-5379-1238

Printed in Japan

印刷・製本　三 秀 舎

© Kazuo Mori 2020

URL　https://www.juse-p.co.jp/

ISBN　978-4-8171-9719-1